T0169803

QU'EST-CE QUE LIRE ?

CHEMINS PHILOSOPHIQUES

Collection dirigée par Magali BESSONE et Roger POUIVET

Paul MATHIAS

QU'EST-CE QUE LIRE ?

PARIS

LIBRAIRIE PHILOSOPHIQUE J. VRIN

6 place de la Sorbonne, V e

2022

Spinoza, *Traité théologico-politique*, VII [15], trad. C. Lagrée
et P.-Fr. Moreau, « Épiméthée » © 2012 Paris, P.U.F.

© *Librairie Philosophique J. VRIN*, 2022
Imprimé en France
ISSN 1762-7184
ISBN 978-2-7116-3048-6
www.vrin.fr

Pour Alfonse

PROLOGUE

L'AFFAIRE DE TOUS

> *Ni les textes, ni la lecture*
> *ne possèdent une nature.*[1]

Lire semble un geste parfaitement naturel. Si naturel, même, qu'il pourrait n'être pas un geste, juste un mouvement des yeux sur des mots avec la conscience qu'ils viennent à nous et que nous les accueillons comme si de rien n'était. Souvent, nous ne fixons pas le regard sur l'imprimé, nous laissons les lettres venir à nous et se disposer insensiblement dans notre esprit. L'affiche à peine aperçue dont on garde le message en image, le titre d'un magazine, un panneau de signalisation, un nom de rue – non seulement les occasions de lire sont infinies, s'il faut parler de lecture, mais le nombre, la forme et la visibilité des *legibilia*[2] sont indescriptibles, tant nous sommes exposés à des quantités inassimilables d'informations. Dont parfois nous avons quelque usage, dont le plus souvent nous ne savons que faire. Nous vivons et nous évoluons dans une ambiance textuelle,

1. R. Rorty, « Le parcours du pragmatiste », dans S. Collini (éd.), *Interprétation et surinterprétation*, Paris, P.U.F., 1996, p. 96.
2. Latin pour « les lisibles ». Singulier : *legibile*.

nous glanons incessamment des signes de toute sortes : noms de choses, d'actions, d'êtres, d'événements – il y a « là », toujours, « quelque chose = X », sous forme de mots, qui fait sens, à peine, approximativement, fugitivement ou durablement. Nous vivons : nous lisons.

Lire est l'affaire de tous. « De tous » ? Disons, par imagination : de « Pierre, Paul, Jacques et Jean ». Il faut imaginer quatre personnages et les régimes de lecture qu'ils peuvent incarner. Pierre ne lit pas, il respire, absorbe, incorpore les mots. La vélocité de sa vision met son intelligence à leur diapason, il les parcourt avec une légèreté qui, chez lui, est source d'une entière générosité, pur don qu'il fait de lui-même et de son esprit. Quelle agilité de l'œil : la lecture paraît bien un geste naturel de l'esprit et pour ainsi dire né avec lui.

Tout au rebours, Paul est laborieux et, quand il lit, il est à la peine. Si, par mégarde, il s'attarde sur une page, il s'en rend captif et s'immobilise. Son esprit s'embarrasse de lui-même, ses pensées bégayent. Pour ne pas se perdre dans les mots, pour laisser les livres exercer leur puissance propre, il puise dans une liberté inhabituelle : incapable de trop d'attention, il s'ingénie à courir sur les crêtes du sens, à sauter de mot en mot et de phrase en phrase pour reconstituer un paysage factice de ses lectures sans viser à la justesse de son rendu. À ce prix, cependant, la lecture reste, pour Paul, possible : lire, mais comme s'il n'avait pas lu.

En lisant, Jacques plonge dans l'imaginaire des mots et s'y enfonce comme en son lieu propre et naturel. Comme en apnée dans les textes, il n'en cherche pas la vérité mais en connaît les vertus et sait reconnaître, en eux, ce qui fait monde ou qui possède la puissance d'en créer. Car Jacques n'a pas *rencontré* Balzac ou Céline, il semble s'être naturellement enraciné dans le limon des lettres, vivant en première personne de leur pensée frémissante.

Jean ne lit pas. La glie… « Ce n'est pas grave. » Yeux fermés. Il les a rouverts. Champ de vision réduit, décalé, infléchi, déporté. Il suit mal le fil des mots et des lignes. Tout cela lui semble fuir sous son regard impatient. Des efforts harassants, cependant : en y revenant à deux fois, à trois fois, à quatre fois – il faut s'informer encore, il y a le temps. « Ça va s'arranger. » La fatigue prend le dessus, difficile de faire corps avec les mots et les lignes. Enfin le temps est venu de choisir : il y a à lire et il y a à lire ! Assez des vanités imprimées ; quelques textes – et pourquoi ne pas se contenter de les écouter ? En suivre les méandres et se laisser porter par des pensées dont agit encore la vertu séminale. Petit à petit, ce sont celles de la perte des livres et de l'amour à eux porté. Amour qui s'éteint lui-même doucement par la force des choses. Doucement et sans peine. Les livres sont encore là.

Il nous faut bien assumer le bouleversement de nos certitudes et songer que lire n'est assurément pas chose une, uniforme, naturelle. Que c'est la suite assez précaire d'un long apprentissage et une manière d'événement qui se renouvelle à chaque instant. Quelque chose a effectivement lieu qui, soudain, par infortune ou parce que le geste en est toujours mal assuré, se manque et se disperse dans la rêverie ou, au rebours, dans l'action qui fuit les mots et va chercher refuge dans les choses.

Là est lire : dans une incertitude autant que dans une joie, dans une amplification de soi-même, à travers les mots, comme dans l'effacement progressif d'un monde dont les contours écrits se gomment et disparaissent.

CHAPITRE PREMIER

LA PROMESSE D'ANAXAGORE

Lire n'est pas la lecture. De l'ensemble des pratiques culturelles objectives touchant au livre, la sociologie parle en termes quantitatifs ou qualitatifs, distinguant par exemple « faibles » et « gros » lecteurs et s'efforçant d'apprécier des habitudes de lecture autant que les représentations qui touchent au monde du livre[1]. Le champ de la lecture est immense par ses usages, mais aussi par ses objets : on lit des livres, des panneaux de signalisation ou des réclames, des journaux et des magazines, des étiquettes, des manuels de l'utilisateur. Décrire la lecture, c'est d'abord décrire un fait objectif, statistique, extérieur, impliquant des classes d'individus et des pratiques culturelles différenciées. Mais précisément, tous lisent au singulier – et la chose, si naturelle en apparence, constitue une opération particulièrement complexe à décrire. Car elle enveloppe une myriade de petits événements physiques et mentaux dont l'agencement paraît inextricable. Pointer le strict fait de lire et comprendre ce qui y a lieu, quoi qu'on lise

1. J. Bahloul, *Lectures précaires : Études sociologiques sur les faibles lecteurs*, Paris, Éditions de la Bibliothèque publique d'information, 1990.

et quoi qu'on vise en lisant – plaisir ou compréhension par exemple – et faire émerger les mécanismes corporels impliqués est complexe, quoique ce ne soit pas réellement neuf.

Prenant le contrepied de Locke, alors même qu'il vient de dire son accord avec lui, Condillac décrit dans l'*Essai sur l'origine des connaissances humaines* l'essentiel de ce qui a lieu dans le geste de lire : « Qu'on réfléchisse sur soi-même au sortir d'une lecture, il semblera qu'on n'a eu conscience que des idées qu'elle a fait naître. Il ne paraîtra pas qu'on en ait eu davantage de la perception de chaque lettre, que de celle des ténèbres, à chaque fois qu'on baissait involontairement la paupière ; mais on ne se laissera pas tromper par cette apparence, si l'on fait réflexion que sans la conscience de la perception des lettres, on n'en aurait point eu de celle des mots, ni, par conséquent, des idées »[1]. Nous lisons en flux et, pour nous, dans le mouvement de la lecture, seul le flux fait sens et donne corps à notre lecture. Mais le flux n'est véritablement qu'un effet et reste « une apparence », n'était la compréhension parfois incertaine, souvent réelle et efficace qui résulte de cette lecture. Dans sa vérité effective, le flux se divise en ces unités discrètes que sont les lettres que nous déchiffrons *une par une*, avec, *à chaque fois*, l'assomption des liens singuliers qu'elles entretiennent les unes avec les autres de manière à former des mots et, pour ceux-ci, à former des phrases et, pour celles-ci, à former des paragraphes ou des livres entiers. Le flux est bien « apparence », perception effective et globale, et donne conscience, non seulement de lire, mais des idées qu'éveille la lecture. Seulement

1. Condillac, *Essai sur l'origine des connaissances humaines*, I, II, 1, Paris, Vrin, 2018, p. 85.

cette conscience achevée dans la lecture accomplie n'est que l'effet d'ensemble et en retour de ce qu'est lire, un travail lourd, souvent pénible, fait de regards furtifs et de « ténèbres » aussi, de paupières abaissées, d'yeux allant et venant sur des lettres, des idéogrammes, autrefois des hiéroglyphes. Il y a une matérialité du lire, une glaise des *legibilia* dont il faut assumer une indisponibilité première et d'avoir à s'en assurer la conquête intellectuelle.

Cette conquête est celle d'une histoire et d'un élan civilisationnel qui coïncide avec l'invention de l'écriture. Mais si assurée soit-elle, une telle conquête civilisationnelle n'en est pas moins *à chaque fois* une reconquête individuelle : tous les hommes ne savent pas lire, loin s'en faut, et l'on pourrait même imaginer une dystopie décrivant un état de l'humanité tel que plus personne ne saurait lire – l'improbabilité n'est pas impossibilité. Or si nous savons lire, c'est que nous avons appris à lire ; et ce que nous avons appris à faire, pour lire, ne consiste pas simplement à promener nos yeux sur des traces très caractéristiques dont on nous a indiqué que ce sont des lettres et qu'elles forment toutes ensemble des mots et du sens. En apprenant à lire, nous nous sommes incorporé une relation intime du signe graphique au son auquel il correspond, mais aussi au sens auquel il renvoie. Le graphème, le phonème et le sens induit forment un tout qui, de toute évidence, ne peut rien avoir de naturel, mais qui suppose bien au rebours un apprentissage, voire *des* apprentissages nécessitant plusieurs années – à supposer d'ailleurs qu'on ait jamais fini d'apprendre à lire et qu'on ne progresse plus dans la chose. Lire, c'est idéalement tout un, en conscience ; mais c'est laborieux, en fait, chaque lettre et chaque caractère pouvant être comme un caillou dans notre engrenage mental, un obstacle contre lequel nous butons et qui remet en cause la visée de sens présidant au geste dans son ensemble.

Or ce labeur s'explique, ce labeur est expliqué. Les sciences psychologiques et cognitives font de la lecture – non pas du phénomène culturel, mais du geste accompli en première personne – un de leurs principaux centres d'intérêt et s'emploient à décrire les mécanismes corporels et cérébraux qui en garantissent l'efficience, notamment intellectuelle. Dans l'introduction à *L'Art de lire*, José Morais s'explique du titre qu'il a choisi, : « Le mot "art", écrit-il, se réfère […] à un ensemble de moyens, de procédés réglés qui tendent à une certaine fin. En ce sens, lire et écrire constituent bien des arts »[1]. Lire est une affaire radicalement, non pas accessoirement technique. Faisant suite à la question également technique de la constitution des messages écrits, elle implique de procéder à l'examen minutieux et même tatillon des efforts que nous déployons pour lire. L'approche de la psychologie cognitive se revendique ainsi légitimement comme une « approche scientifique » du geste global de la lecture[2]. L'exigence en est d'autant plus forte que la lecture, dans le temps que nous nous y consacrons, n'est pas un phénomène intellectuellement univoque, comme si l'on n'avait affaire qu'à un déchiffrement des idées – mais comment ? – ou à la compréhension de signes caractéristiques – mais de quoi ? Lire, c'est créer de l'un avec du multiple, de la compréhension avec une disparate de saisies corporelles et d'interprétations induites : celle des lettres et des mots, celle de la façon dont s'offre mentalement, voire oralement, leur sonorité

1. J. Morais, *L'Art de lire*, Paris, Odile Jacob, 1994, p. 11.
2. *Ibid.*, p. 39 *sq.*

sous-jacente, celle des objets de la représentation verbale induite : le personnage de Nausicaa, la rue dans laquelle on s'engage, le prix de l'article qu'on souhaite acquérir. « Quand je parcours des yeux le texte qui m'est proposé, écrit Merleau-Ponty[1], il n'y a pas des perceptions qui éveillent des représentations, mais des ensembles se composent actuellement, doués d'une physionomie typique ou familière. » Lire est tout acte et cet acte est une synthèse permanente de mouvements de natures diverses dont il convient de dégager les éléments et d'éclairer les articulations.

D'où il appert que la fatigue est le destin de la lecture : lire suppose d'agir sans cesse, non pas de s'agiter parmi des choses posées là-devant, à l'extérieur, mais de laisser ses yeux courir sur les lignes et entre les lignes, d'aller et venir par *saccades*, d'un mot à l'autre, de fixer, de sauter, d'englober, de contourner des caractères écrits. Depuis les analyses d'Émile Javal[2], autour de 1870, il ne fait plus de doute que lire est une épreuve livrée de haute lutte contre les textes et que notre corps y tient une part considérable[3]. Lire est difficile parce qu'il y faut tout uniment voir, identifier, associer, mémoriser, oublier, comprendre, aller de l'avant, revenir en arrière et, d'une certaine façon, se promener parmi les mots. Aussi ne faut-il effectivement rien moins que « la science » pour en tirer au clair le phénomène, c'est-à-dire pour en déconstruire le mécanisme afin de s'assurer de la maîtrise des processus permettant d'en optimiser l'apprentissage

1. M. Merleau-Ponty *Phénoménologie de la perception*, I, III, Paris, Gallimard, 2016, p. 179.
2. Ophtalmologue né en 1839 et mort en 1907, auteur d'une *Physiologie de la lecture et de l'écriture* (1907).
3. Voir J. Morais, *L'Art de lire*, *op. cit.*, notamment p. 122 *sq.*

et d'en assurer la fluidité et l'efficacité. Dans l'analyse
« scientifique », il faut, de cet un et de ce tout qu'est lire,
faire plusieurs moments, plusieurs étapes cognitives. « La
lecture n'atteint pas son but sans compréhension, écrit
José Morais, toutefois les processus spécifiques de la
lecture ne sont pas des processus de compréhension, mais
bien *ceux qui mènent* à la compréhension »[1]. Entendons
donc que « la science » doit assumer sa rupture avec
lire, non par oubli de l'essentiel, qui est tout de même
de comprendre, mais pour en démêler le nœud et en
réduire à proportion les difficultés – pour conduire par
les meilleurs moyens vers comprendre, précisément.
Or le mécanisme en jeu est d'autant plus complexe
qu'il engage la reconnaissance de formes graphiques,
lettres ou idéogrammes, par exemple, l'identification de
normes orthographiques – *maison* nous est plus facile à
lire que *meyzôn**, qui se prononce pourtant de la même
façon –, la conception de significations – *ozone* a un
sens plus ou moins précisément connu, mais qu'en est-il
d'*Ozon*? – et la mise en relation à une prononciation,
l'incompréhension résultant souvent de ce que nous ne
parvenons pas à prononcer le mot auquel nous avons
affaire – les noms propres, par exemple, surtout s'ils sont
d'origine étrangère, nous mettent en porte-à-faux avec
ceux qui les portent et que nous craignons à juste titre
d'offenser par une prononciation bancale ou une graphie
fautive.

Face aux difficultés qu'opposent les mots et les
textes à la plus ferme volonté de lire, on réalise aisément
l'inquiétude, non seulement des apprentis-lecteurs, mais

---

1. J. Morais, *L'Art de lire*, *op. cit.*, chap. 2, p. 121.

également de leurs maîtres. Mobilisant des capacités sensorielles et discursives de vision, d'audition, d'intellection, mais aussi un vocabulaire, une culture, une certaine représentation de la réalité et des interactions qu'elle emporte, lire, dans l'investissement personnel qu'il présuppose, a quelque chose d'un engagement à la fois total et coûteux. À un moment du fonctionnement machinique, il y a ce qu'on appelle « la conscience phonologique », qui n'est pas simplement la capacité de discriminer des sons, mais, en les discriminant, celle « d'une réflexion sur les propriétés phonologiques des expressions » : [sɔ̃ʒ] peut aussi bien renvoyer à « songe » qu'à « son jeu », voire, dans certaines circonstances particulières, à « son je ». Or c'est sur ce fond là que la discrimination devient possible, derechef, entre les diverses expressions écrites et leur projection dans les contextes qui les rendent « immédiatement » intelligibles. C'est ce qui nous fait reconnaître toutes les nuances qu'offre, dans le *Songe d'une nuit d'été*, parlant d'un acteur, son jeu, tandis qu'il semble mettre entre parenthèses son je pour être pleinement Lysandre – alors évidemment que tout son jeu consiste à investir son je dans le personnage même du *Songe...* ! L'appréhension visuelle ou oculaire et la catégorisation des lettres, les représentations orthographiques stabilisées, leur phonétisation et la reconnaissance corrélative de graphèmes, et même une culture plus ou moins investie forment un tout que les apprentis, sous l'impulsion de leurs maîtres et à l'aide de méthodes variées, ajustent, très progressivement, les uns aux autres pour rendre efficace « le simple fait » de lire en même temps que d'essayer de comprendre, à très court terme, ce qu'ils lisent.

On comprend pleinement, dès lors, le postulat de Stanislas Dehaene : si « nous disposons aujourd'hui d'une véritable science de la lecture »[1], c'est que nous sommes en mesure de décrire, non seulement le phénomène empirique et visible de la lecture – les efforts de l'apprenti et ses mouvements corporels, notamment oculaires – mais également les phénomènes invisibles qui, à leur tour et en remontant la chaîne des causes, les expliquent par leur amont cérébral. Les sciences cognitives ne se rassasient pas de la seule mise au jour des mécanismes comportementaux des lecteurs ; elles aspirent pour partie à explorer la jointure même du corps et de l'esprit et à révéler de quoi les mécanismes corporels ne sont eux-mêmes que les conséquences. « Apprendre à lire, continue S. Dehaene, consiste à recycler un morceau [du] cortex [visuel] afin qu'une partie des neurones qui s'y trouvent réorientent leurs préférences vers la forme des lettres et de leurs combinaisons »[2]. Le cerveau est ainsi le lieu de multiples transformations très intimement liées au contact des mots et de leurs représentations graphiques, au point même « qu'apprendre à lire induit de très profondes modifications de l'anatomie de l'activité cérébrale »[3]. Le constat empirique effectué au niveau macroscopique d'une liaison entre lecture, écriture et conscience phonologique s'enracine dans une description neurologique et biologique des aires mobilisées du cerveau : celle de la vision, bien entendu, mais également celles de la mémoire ou de l'attention. Nous lisons avec notre cerveau : ce n'est pas un truisme, c'est le résumé d'un système dynamique dont il est devenu possible

1. S. Dehaene, *Apprendre à lire*, Paris, Odile Jacob, 2012, p. 9.
2. *Ibid.*, p. 28.
3. *Ibid.*, p. 33.

de se donner des représentations imagées extrêmement précises, comme l'attestent les recherches décrites dans *Les Neurones de la lecture*, ainsi que leurs multiples illustrations[1].

Mais cela ne signifie pas que le cerveau soit comme l'instrument d'une activité consistant à déchiffrer et à comprendre des systèmes graphiques *donnés*. Il y aurait en effet un paradoxe de la lecture, dont la solution passe par le refus de laisser enfermer l'explication scientifique de l'activité lectorale dans un modèle d'interprétation purement techniciste. Il n'y a en effet pas, d'un côté, les mots écrits et, de l'autre, en pleine extériorité, l'outil cérébral naturellement ou artificiellement adapté à eux; il y a une lente histoire de l'écriture, une évolution des systèmes graphiques disponibles et, corrélativement, un processus capital et intergénérationnel de « recyclage neuronal ». Celui-ci traduit le fait que nos systèmes de reconnaissance visuelle se sont enrichis et s'enrichissent encore de leur articulation aux systèmes mobilisés dans le langage parlé, et que nous nous sommes adaptés et ne cessons de nous adapter à l'évolution de « systèmes d'écriture admissibles » ainsi que de « formes culturelles fondamentales »[2]. « L'invention de la lecture [...] ne correspond [donc] pas seulement à la création d'un jeu de signes qui stimulent efficacement notre cortex visuel. Elle est avant tout mise en connexion de ces signes avec les aires auditives, phonologiques et lexicales responsables de la compréhension du langage parlé »[3].

1. S. Dehaene, *Les Neurones de la lecture*, Paris, Odile Jacob, 2007.
2. *Ibid.*, chap. 8.
3. *Ibid.*, p. 417. Voir aussi A. Manguel, *Une Histoire de la lecture*, Paris, J'ai lu, 2001, p. 58 *sq.*

D'où il résulte que, selon la description neurologique de l'acte de lire, il s'agit d'un phénomène doublement *antinaturel*, à la fois parce qu'il suppose une adaptation de nos capacités cérébrales à l'environnement sémiotique particulier des écritures et parce que celles-ci, par surcroît, se sont elles-mêmes altérées, transformées, complexifiées ou simplifiées – les deux caractéristiques sont admissibles – leurs critères d'admissibilité s'ajustant sans doute à une histoire insensible mais constante de l'intelligence. Certes, rien ne permet d'objectiver par des relations formellement causales cette adaptation, en référant par exemple une évolution de l'intelligence aux modifications subies par les *legibilia*. On observe simplement que les tablettes pictographiques découvertes dans la péninsule arabo-persique portent en creux des marques exprimant des intentions sans doute comptables ; que les textes anciens étaient faits de mots amalgamés, sans espaces ni ponctuation ; et que les textes modernes et contemporains ont adopté des normes de présentation – de *visibilisation*, faudrait-il insister – qui en facilitent l'appréhension et la compréhension. À l'évidence, on ne lit pas aujourd'hui comme on lisait autrefois. Mais lire, en toutes circonstances et dans toutes les langues ou systèmes d'écriture[1], mobilise « une petite mécanique neuronale admirable d'efficacité »[2] dont « la science » explore progressivement la dynamique à la fois intime et complexe.

---

1. « Qu'en est-il dans d'autres systèmes d'écriture [non latins] ? Leur variété est telle que l'on pourrait s'attendre à une extraordinaire diversité d'activations cérébrales. Or il n'en est rien. » (S. Dehaene, *Les Neurones de la lecture, op. cit.*, p. 138).

2. S. Dehaene, *Apprendre à lire, op. cit.*, p. 65.

« La science de la lecture est [donc] solide »[1] : non seulement elle assure une description adéquate des phénomènes neuronaux impliqués dans l'acte de lecture, mais elle se révèle également efficace sur le plan pratique, notamment parce qu'elle permet d'adosser la question de l'apprentissage de la lecture à des processus mécaniques objectivables et maîtrisables. Le nerf en sont le décodage et la compréhension des textes, c'est-à-dire un travail centré sur l'identification des formes écrites, d'une part, sur leur mise en relation avec des sons, d'autre part, et sur la représentation des entités désignées par le tout que constituent le graphème et le phonème, enfin. « Savoir lire, c'est avant tout savoir décoder des milliers de mots nouveaux, que l'on rencontre pour la première fois dans un livre, et dont il faut déduire la prononciation »[2]. Ce n'est pas la capacité de répéter des sons à partir de formes connues qui constitue l'essentiel de la lecture, c'est celle de *découvrir* de manière ajustée et appropriée les mots de la langue et de les rapporter à la fois les uns aux autres et tous à la signification qu'ils enveloppent. Des neurosciences, il serait ainsi possible de dégager des méthodes d'apprentissage et de travail afin de canaliser et de guider les efforts des apprentis lecteurs. Le débat de la méthode syllabique et de la méthode globale est neutralisé, non en raison de choix préférentiels pour l'une ou l'autre méthode, mais du fait de la connaissance acquise des mécanismes cérébraux présidant au *tout* que constitue l'acte de lire[3] : lire est un certain fait, un fait *un*.

---

1. *Ibid.*, p. 116.
2. S. Dehaene, *Les Neurones de la lecture*, *op. cit.*, p. 300.
3. *Ibid.*, chap. 5 (en entier).

Le reconnaître permet d'étendre la description scientifique de l'acte de lire à des pratiques différenciées de lecture, où « lecture » se dit d'une activité seulement *analogue* à celle que nous avons déjà identifiée. Si l'activité corticale du lecteur est ce qu'elle est, on peut s'autoriser à raisonner par analogie sur celle des lecteurs aveugles, dont les actes de lecture en braille ne correspondront physiologiquement pas exactement à ceux des lecteurs ordinaires, mais dont la capacité de « lire » ne sera pour autant pas diminuée, mais plutôt adaptée aux conditions objectives qui sont les leurs. Analyser des opérations neurocognitives donne les moyens de déployer un même schème explicatif dans divers registres pratiques où se maintient l'admirable « petite mécanique » décrite par « la science de la lecture ». Et ainsi, en extrapolant, on peut se représenter l'activité neuronale elle-même comme le médiateur essentiel de l'acte de lire, par quoi la jonction se fait toujours entre un texte, quel qu'il soit, qui « dit » quelque chose, et un lecteur qui en prend connaissance et qui, d'une manière ou d'une autre, bien ou mal, parvient à l'assimiler.

Dans son *Histoire comique des État et Empire de la Lune*, Cyrano de Bergerac dit avoir reçu, lors de son voyage parmi le peuple de notre satellite, le don d'une certaine boîte métallique : « À l'ouverture de la boîte, écrit-il, je trouvai dedans un je ne sais quoi de métal presque semblable à nos horloges, plein de je ne sais quels petits ressorts et de machines imperceptibles. C'est un livre, à la vérité, mais c'est un livre miraculeux, qui n'a ni feuilles ni caractères ; enfin c'est un livre où pour apprendre, les yeux sont inutiles ; on n'a besoin que d'oreilles. Quand quelqu'un donc souhaite lire, il bande avec grande quantité de toutes sortes de petits nerfs cette machine, puis il tourne l'aiguille sur le chapitre qu'il désire écouter, et au même temps il en sort comme de la bouche d'un homme, ou d'un instrument de musique, tous les sons distincts et différents qui servent entre les grands lunaires à l'expression du langage »[1]. Outre de nous laisser fantasmer que Cyrano envisageait déjà, au XVIIe siècle, la fabrication du *walkman*, de l'iPod ou de la clé USB – comme Léonard avait conçu, paraît-il, l'hélicoptère et le parachute – son propos laisse apparaître le lieu propre d'une problématique de la lecture et des difficultés qu'elle soulève. Faisons droit à l'imagination de Cyrano et représentons-nous cette machine complexe, voire cette machine faite de multiples « machines imperceptibles » destinées au geste si simple consistant à se faire communiquer par artifice des idées ordonnées et à comprendre leur ordonnancement et le sens dont elles sont porteuses. L'équivalence établie entre la machine à lire et le livre fait du geste de la lecture, ici auditive, un simple effet mécanique du système psychotechnique auquel il est adossé. Tenir un livre entre ses mains, c'est voir, analyser, phonétiser et comprendre ; se brancher sur la « liseuse » de Cyrano, c'est entendre, analyser et comprendre. Les mécanismes seraient-ils distincts, les effets et le gain sont les mêmes.

L'intérêt de « la boîte » métallique est donc que les idées nous parviennent à travers une parole enregistrée et non par le moyen de caractères, et que les yeux n'ont aucun effort à consentir, car « on n'a besoin que des oreilles », lesquelles n'ont rien à *faire*. Si dès lors on postule que l'activité de lecture s'inscrit au cœur d'un système psychotechnique destiné à une forme ou

---

1. *Voyages fantastiques de Cyrano de Bergerac*, Paris, Librairie des bibliophiles, 1875, p. 149-150.

à une autre de compréhension – le support de lecture étant corrélé aux capacités cérébrales mobilisées – il faut considérer le système psychotechnique fait d'une « boîte » et d'un auditeur comme un strict analogon du couple formé par le livre et par son lecteur, à cette différence près que ce ne sont pas exactement les mêmes truchements cérébraux qui sont mobilisés. Mais est-ce lire, que d'entendre un texte ? Est-ce lire que d'écouter lire ? Matériellement, bien sûr, ce sont des activités distinctes. Seulement on serait tenté de supposer que la différence matérielle cache modestement une identité réelle – supposition formellement tentante, mais si difficile et si problématique !

Dans les premières pages d'*Une Histoire de la lecture*, A. Manguel relate sa rencontre avec Borges et qu'il avait été amené, dans sa jeunesse, à lui faire la lecture : « Faire la lecture à ce vieil homme aveugle, écrit-il, fut pour moi une expérience curieuse, car même si je me sentais, non sans quelque effort, maître du ton et de la cadence de lecture, c'était néanmoins Borges, l'auditeur, qui devenait le maître du texte »[1]. L'anecdote est émouvante, l'argument sous-jacent est terrible. Ce que cela signifie, en effet, c'est que lire ne consiste pas à parcourir un texte des yeux, pas plus que, par analogie, cela ne consiste à entendre le même texte ou un autre dans la compagnie de « grands lunaires ». « Maître du texte », l'aveugle est aussi bien maître de la lecture – maître de *sa* lecture, que les intonations ou la respiration du jeune Manguel n'occasionnent que par effet, timidement, comme s'il restait à la surface extérieure de la chose, sans véritable incidence sur le phénomène *lire*, c'est-à-dire sur ce qui

1. A. Manguel, *Une Histoire de la lecture*, *op. cit.*, p. 37.

a *réellement* lieu, non tant entre lui et Borges, mais en Borges même et dans son esprit de lecteur.

Paradoxalement, l'analogie de la lecture et de l'écoute, qui paraissait abonder le schème psychotechnique et corroborer son expression neuroscientifique, tient plutôt lieu d'un authentique opérateur copernicien venant soudain renverser, du tout au tout, l'implacable logique scientifique prévalant dans l'*explication* de l'acte de lecture. Les neurosciences sont assurément d'une indiscutable robustesse et ce qu'elles énoncent est et reste *vrai* en toutes circonstances, pour autant du moins que les dispositifs techniques mobilisés pour décrire les phénomènes concernés soient convenablement intégrés dans leur repère épistémologique de référence – ce dont rien, du reste, ne permet de douter. Mais c'est cette « vérité » qui est en cause parce qu'au fond, si elle décrit avec toute la précision et l'objectivité requises l'activité de la lecture, elle ne dit *rien* de ce qu'*est* lire, parce qu'elle ne dit rien de cette *maîtrise* du texte dont le centre de gravité ne se situe pas du côté du lecteur apparent, A. Manguel, mais du côté du lecteur réel, Borges. La liaison est en effet attestée entre les saccades oculaires, la reconnaissance des caractères écrits, la mise en équivalence avec les phonèmes sous-jacents, les mots et leur sens. Tout cela est descriptible et abondamment décrit, tout cela détermine un ensemble de pratiques, notamment d'enseignement, dont l'efficacité peut elle-même se mesurer – tout cela est massivement « convaincant » et pourtant la question demeure tout entière : « Qu'est-ce, *en vérité*, que cet acte que nous appelons lire ? »[1]. Triste : « la science de la lecture » ne tient pas la promesse d'Anaxagore.

1. A. Manguel, *Une Histoire de la lecture, op. cit.*, p. 48.

CHAPITRE II

ECCE ECO

Lire, ce n'est pas seulement savoir lire. Quand nous apprenons à lire, nous apprenons sans doute à déchiffrer un texte et à le phonétiser, mais aussi et surtout à le rapporter à un système enveloppant de représentations : B-a-b-a-r, c'est aussitôt le monde de Babar ! Seulement nous pouvons bien savoir lire, c'est-à-dire phonétiser de la façon la plus convenable un texte et même en comprendre quelque chose, pour autant nous n'avons pas l'assurance que ce quelque chose coïncide avec ce dont il est réellement question dans les mots et dans leur suite. Par exemple, le théorème de Fermat s'énonce ainsi : « Il n'existe pas de nombres entiers strictement positifs x, y et z tels que : $x^n + y^n = z^n$, dès que $n > 2$. » Ce qui est relativement aisé à phonétiser, pour peu qu'on ait une connaissance même rudimentaire des sons rattachés aux lettres, aux signes et à leur disposition dans un énoncé mathématique. Une partie de la formule du théorème se lit en effet : « …x puissance n plus y puissance n égalent z puissance n, dès que n est strictement supérieur à deux ». Si tout le monde ne sait pas lire une telle formule, les connaissances requises en mathématiques pour le faire sont minimales, mais presque personne ne *comprend* de quoi il est question, ce que désigne la formule, quel usage on peut en faire et, *a fortiori*, ce qui en démontre la vérité. Et pourtant : il est toujours possible de lire et de relire le théorème de Fermat, de l'apprendre par cœur et de l'ânonner, de le seriner, de le réciter, de le transmettre par voie orale comme par écrit. Mais c'est là psittacisme, non acte de lecture.

Si la lecture semble avant tout déchiffrage, un lettrisme[1] étroit ne fait pas un lecteur. Soit effectivement l'énoncé suivant : « Il n'existe pas de nombre relatif tel que $r^x + r^y = r^z$, dès que le facteur de x, y et z est un nombre inférieur à la limite de 0. » Il est autant lisible que l'énoncé précédent et selon exactement les mêmes conditions. Présentant une forme discursive analogue, il pourrait bien être tout autant intelligible par un mathématicien professionnel que le théorème de Fermat ; seulement il est parfaitement absurde, n'a aucun sens, ne renvoie à rien, n'est d'aucun usage, en mathématiques ni ailleurs – sinon celui, *ici-même*, qui consiste à postuler que la lisibilité ne fait pas le sens et que lire ne consiste pas seulement à rendre, même de manière parfaitement fluide, les sons et les apparences de signification que recouvrent les lettres, les mots, les énoncés que nous avons sous les yeux ou, pour ceux qui lisent en braille, sous les doigts : lire n'est pas seulement rendre une apparence de compréhension.

Le postulat pourrait paraître trivial si la frontière entre les énoncés absurdes et ceux qui font sens était

---

1. Selon le *Journal officiel* du 10 janvier 2017 : « Capacité d'une personne, dans les situations de la vie courante, à lire un texte en le comprenant, ainsi qu'à utiliser et à communiquer une information écrite. » – URL : http://www.culture.fr/franceterme/result?francetermeSearchTerme=lettrisme (à la date de publication).

toujours nette ou du moins identifiable sous couvert de compétences requises dans des espaces disciplinaires concernés. Le mathématicien ne sera jamais dupe du lisible énoncé sur les nombres relatifs, lesquels « existent » pourtant bien. Qui n'a pas les éléments suffisants de la science n'y verra cependant pas de différence avec le théorème de Fermat, auquel il ne comprendra rien de plus ni de moins qu'à n'importe quel théorème fantasmagorique. Or si la frontière du mathématicien et du non-mathématicien s'établit sans difficulté, les choses se compliquent quand rien ne sépare clairement le savoir de l'ignorance. La différence de nature et par conséquent la compréhension qu'on peut avoir des deux énoncés suivants sont incertaines : « *Je suis hanté. L'Azur!* L'Azur! L'Azur! L'Azur! » – le vers de Mallarmé est bien connu. Mais : « *Je suis rincé. L'Appel!* L'Appel! L'Appel! L'Appel! » – pour reconnaître le plagiat, il faut connaître le vers original, pouvoir expliciter sa valeur poétique, le référer à son ambiance littéraire ou théorique, voire le situer dans une œuvre et dans sa propre grammaire intellectuelle. Or la distinction du lecteur habilité à désigner un texte comme poétique et du lecteur qui ne l'est pas est largement plus problématique que celle du mathématicien et du non-mathématicien. Qui interdit en effet de lire le second énoncé comme « poésie »? S'adressant à tous et non pas aux seuls spécialistes, la poésie est le bien de tous et tout lecteur peut ou, du moins, est *en droit* d'aspirer à l'essentiel, à jouir de cette « hésitation entre le son et le sens »[1] qui paraît en assurer la puissance suggestive.

---

1. P. Valéry, « Rhums », dans *Tel quel II, Œuvres*, tome 2, « Bibliothèque de la Pléiade. », Paris, Gallimard, 1975, p. 637.

Peut-être en va-t-il de même pour la philosophie : « le bon sens étant la chose du monde la mieux partagée », le passage du point de vue inculte au savoir est aisément négligé ou omis, et même sans grand dommage, pourra-t-on ajouter, le bourdonnement des mots sur des pages de facture éthérée suffisant à faire illusion.

« Combien existe-t-il de catégories de phrases ? », demande Wittgenstein. « La diversité des jeux de langage » est peut-être infinie[1]. En tout cas, lire s'accommode fort bien de « n'importe quoi », à tout le moins s'il n'y a pas d'autres enjeux que ceux de la vie courante. Où, par contraste, se fait jour une double exigence. Celle de reconnaître, d'une part, que la saisie du sens d'un énoncé et de sa pertinence repose sur la mobilisation de certains contextes déterminés, qu'il s'agisse de « science », si l'on se réfère aux mathématiques, ou qu'il s'agisse d'une « culture » – pour user d'un mot-valise – si l'on se réfère à la poésie, à la littérature ou aux disciplines de sens comme la philosophie. L'amplitude de tels contextes est variable et problématique et il faut donc l'assumer comme telle, mais non pas manquer d'envisager qu'elle soit déterminante. Or d'autre part, s'ils sont largement « culturels », les contextes ne campent pas simplement le décor d'une lecture roborative, ils en déterminent bien plutôt la nature même et en sont les moments opératoires et la marque de fabrique : lire, ce n'est pas simplement accueillir ou recevoir, ce n'est pas être éclairé ou touché par la puissance des mots, c'est s'installer dans un texte, ou mieux : s'installer avec le texte dans la chambre de résonance qui fera de façon idoine écho à son sens. On ne lit pas comme lit une tête de lecture, comme le

1. Wittgenstein, *Recherches philosophiques*, I, 23, Paris, Gallimard, 2014, p. 39.

pick-up d'autrefois ou le lecteur optique aujourd'hui. Lire, c'est prendre place : dans l'administration et dans le vocabulaire de ses rapports ; dans l'université et dans sa rhétorique ; en cour de justice et dans son style normatif et injonctif ; devant les éléments épars d'une machine, enfin, si le montage requiert d'en assimiler le mode d'emploi ! Ses enjeux d'apprentissage se situent donc bien à la frontière extérieure de la lecture, essentiellement là où se produit le phénomène de la *réception* d'un texte. « Apprendre à lire, écrit A. Manguel, consiste à acquérir les moyens de s'approprier un texte (...) et aussi de prendre part à l'appropriation des autres. C'est dans ce domaine ambigu, entre possession et reconnaissance, (...) que se situe le fait de lire »[1] : lire, ce n'est pas seulement « savoir lire », c'est bien s'engager à comprendre.

Certes, il existe mille milliers de millions de milliards de lectures, toutes plus insignifiantes les unes que les autres – ces lectures diaphanes dans lesquelles nous reconnaissons tous, exactement, le même sens : *È pericoloso sporgersi*[2]. La plupart des *legibilia* sont dénués de toute équivoque et il serait assez juste de dire qu'il n'y a rien d'autre à y comprendre que ce qu'il y a à y comprendre : non un je-ne-sais-quoi, mais un presque rien. Mais ce n'est pas le jeu des textes littéraires, ni celui des textes de philosophie ou, par exemple, des textes juridiques : il est des lectures sur lesquelles nous achoppons et qui requièrent que nous prenions des risques, si le mot n'est pas excessif. Pour peu qu'il ait quelque

---

1. « Comment Pinocchio apprit à lire », dans *Pinocchio et Robinson*, Paris, L'Escampette, 2005, p. 23. Voir également *A Reader on Reading*, New Haven-Londres, Yale University Press (2010), p. 161.
2. Voir P. Dumayet, *Autobiographie d'un lecteur*, Paris, Pauvert, 2001, p. 206.

chose comme une « profondeur » – quoi qu'on entende par là – un texte de littérature, de droit, de philosophie, de sciences, etc. s'inscrit toujours à la fois dans un patchwork notionnel plus ou moins complexe, et au cœur de pratiques intellectuelles diverses, largement balisées et ressortissant à la vie des institutions qui les cultivent. Ceci est un traité, un roman, une étude ou un poème : ceci requiert donc les connaissances du géomètre, le jugement du critique, l'appréciation du professionnel ou la sensibilité du lecteur qui s'y égare. La lecture est comme un capteur de rêves et de pensées, souvent sérieuses, du reste : elle ne traduit pas seulement le mouvement qui consiste à emmailloter les significations dans une compréhension personnelle plus ou moins réussie, elle épouse aussi les formes du filet, du manche et de sa poignée, emportant avec elle tout le système technico-intellectuel grâce auquel les efforts qu'elle déploie peuvent espérer quelque succès de compréhension : elle manipule, elle exploite, elle amplifie, elle féconde. L'ennui, bien sûr, c'est que nous ne comprenons que ce que nous comprenons, et rien de plus – ni rien de moins, évidemment. Or entre ce « plus » et ce « moins » se dessine un territoire de significations à la géographie incertaine et dont les opportunités sémantiques ne se réduisent pas à l'alternative du simple et du complexe.

Soit, par exemple, l'énoncé : « Le petit chat est mort. » Tous, nous en comprenons apparemment tout ce qu'il y a à en comprendre. Mais quoi donc, au juste ? Qu'un félin de petite taille est effectivement mort là-devant ? Que le souvenir vient de surgir, impromptu, d'une réplique de la cinquième scène du deuxième acte de *L'École des femmes* de Molière ? L'énoncé concerne-t-il vraiment « le petit chat » ? Mais lequel ? Ou concerne-t-il le souvenir d'une pièce de Molière et donc le tropisme psychique de celui qui s'en souvient ? Comprendre le *lectum*, ce serait alors faire la généalogie de ce souvenir. À moins qu'il ne s'agisse de rendre compte de l'effet comique produit par l'énoncé dans la comédie, ce qui ressortit à une façon assez traditionnelle d'entendre la formule : « comprendre un texte ». Enfin de toute évidence « le petit chat est mort » peut s'appréhender comme le point d'accroche d'un argument sur l'acte de lire et sur les procédures qu'il engage, bien au-delà du décodage des lettres et des mots, la proposition s'inscrivant actuellement dans le corps d'une analyse de la lecture et de ses conditions de possibilité. Pour dire autrement : quand on lit « le petit chat est mort », *ici*, ce n'est pas pour s'informer d'un événement domestique, ni pour commenter le théâtre de Molière, mais pour faire argument sur la question de la lecture et du geste qui l'incarne. « Le petit chat est mort » signifie donc *véritablement* : « la portée d'un énoncé ne se résume pas à la dénotation de cet énoncé, pas plus qu'elle ne se réduit au sens apparent de cet énoncé ; elle s'étend ou, du moins, peut s'étendre à un réseau de significations et de raisons qu'on n'épuise pas du premier coup, à supposer même qu'on puisse jamais l'épuiser. » En assumant pleinement les *opportunités* d'un texte, le lecteur est souvent amené à déborder jusqu'à la distinction désormais classique, établie dans son article éponyme par Frege, entre « sens » et « dénotation »[1]. La question qui s'ouvre donc est de savoir si un texte n'a pas d'autant plus d'intérêt, sémantiquement, qu'il invite au débordement de cette dualité et ne vise pas purement et simplement à établir certains faits ou certaines significations, mais

---

1. Frege, *Écrits logiques et philosophiques*, Paris, Le Seuil, 1971, p. 108.

qu'il les *ambiguïse*. « Une convulsion la rabattit sur le matelas. Tous s'approchèrent. Elle n'existait plus. » Qui ? Emma Bovary. Flaubert, donc, puisque c'est lui, puisque c'est elle ? Le jeu est infini, déjà, alors qu'il ne fait que commencer !

« Ce que je voudrais décrire, note P. Dumayet, c'est la peau du texte »[1]. S'agit-il d'en faire l'épreuve sémantique, d'en jauger les articulations et la pertinence, d'en tirer la leçon ? Ou, en un tout autre sens, d'éprouver, à la manière d'une sensation, son opacité et son éloignement, une impossibilité à en saisir le sens tout entier et donc aussi à l'investir tout à fait, en laissant ainsi prévaloir l'incertitude d'en tirer tout le parti possible ? Toute lecture, assurément, ne présente pas de telles difficultés : un plan de ville, le mode d'emploi d'un appareil domestique, le bottin téléphonique ne font pratiquement jamais problème. Mais les chats, au théâtre, ou les épouses fantasques, dans les romans, *font* problème. Problème à double détente, en vérité. D'une part, l'intérêt de « le petit chat est mort » est de nature purement contextuelle ou, pour dire autrement, la capacité à placer l'énoncé dans un contexte approprié est ce qui lui donne sa valeur – sinon véritable et définitive, du moins efficace ou féconde : ressort comique, dans un cas, ressort démonstratif, dans un autre cas, sans préjuger d'autres possibilités interprétatives. Et d'autre part, les opportunités herméneutiques enfermées dans certains écrits et les espérances qu'ils nourrissent – un poème s'explique, on se plaît même à dire : « à l'infini » – révèlent toute l'ambiguïté qu'il y a dans les textes, c'est-à-dire dans ce qu'on appelle aussi « la textualité » qu'on décrit comme leur profondeur, leur position historique et sémantique dans un système de

1. P. Dumayet, *Autobiographie d'un lecteur*, *op. cit.*, p. 110.

références, enfin comme leur nature même de « texte ».
Écrivant d'Emma Bovary : « Elle n'existait plus »,
Flaubert écrit une énormité et un non-sens : Emma
Bovary n'ayant *jamais* existé, comment aurait-elle donc
pu *cesser* d'exister ? Mais Flaubert l'a *écrit* et, comme en
une détonation verbale, le chapitre se clôt : fin de partie.
Écrire n'est pas tracer des énoncés pour s'assurer de
faire sens ; c'est produire une matrice qui incite parfois
à créer. « La peau du texte » s'impose, non peut-être à la
main, mais à l'œil et à l'esprit qui la parcourent, et son
relief, à distance de regard, ce que la seule écoute et la
conversation ne permettent pas de faire – Proust nous en
instruira[1]. Un texte ne permet sans doute pas de tout faire
et de tout (en) dire, mais, comme le toucher de la peau,
requiert métier et délicatesse, lire pouvant bien être, en fin
de compte, éprouver le relief de son intimité.

Lire, c'est effectivement *faire*. Mais quoi et à quelles
conditions ? Dans « Comment reconnaître un poème
quand on en voit un »[2], Stanley Fish raconte – et c'est
bien le mot : la scène se passe durant l'été 1971 dans
les locaux de la *State University of New York* à Buffalo
– il raconte la façon dont une liste de noms encadrée
d'un coup de craie sur un tableau noir et disposée
selon une certaine apparence d'ordre a pu conduire ses
étudiants à l'interpréter, assez facilement, comme un
poème religieux du XVIIᵉ siècle. Glosant les noms écrits
au tableau : « c'était presque comme s'ils suivaient
une recette de cuisine », rapporte S. Fish[3], la lecture
savante d'un texte supposant simplement de mobiliser
des compétences herméneutiques acquises tout au

---

1. Voir *infra*, « L'image des lieux et des jours », p. 79 *sq*.
2. S. Fish, *Quand lire c'est faire*, Paris, Les prairies ordinaires,
2007, p. 55 *sq*.
3. *Ibid.*, p. 61.

long d'un parcours scolaire ou universitaire. Ce n'était donc pas parce qu'ils avaient sous les yeux un poème que ses étudiants pouvaient l'interpréter comme tel, mais c'est parce qu'ils avaient à et savaient comment accomplir une tâche interprétative conforme aux consignes académiques du professeur Fish[1] que la liste des noms inscrite au tableau se commuait naturellement en un « vrai poème ». La métamorphose supposait seulement qu'ils fussent capables d'en reconnaître les signes distinctifs connus d'eux du fait de leur formation universitaire. Et de l'imprémédiation d'un canular, on passait à une théorie tout à fait robuste de la lecture. Non de toute lecture, peut-être, mais de la lecture académique, pour le moins – quoiqu'on puisse sans doute appliquer les principes généraux de la lecture savante aux tournures de la lecture populaire, en prenant simplement d'autres appuis culturels que la maîtrise des tropes ou les médiations conceptuelles et méthodologiques requises par la première.

« Une théorie tout à fait robuste de la lecture » : pour reprendre certaines analyses de S. Fish, elle repose sur le postulat que la lecture ne consiste pas dans une catégorisation formelle des textes accompagnée de la reconnaissance de leurs thématiques et de leur style ; mais, *immédiatement*, dans une interprétation qui mobilise des techniques et des méthodes de travail attestées et faisant « partie [d'un] jeu »[2] qui se déroule dans des milieux et dans une ambiance propices à leur exploitation : les

---

1. « Pourvu qu'on leur ait donné la ferme conviction qu'ils étaient face à un poème religieux », S. Fish, *Quand lire c'est faire*, *op. cit.*, p. 63.

2. « Démonstration *vs.* Persuasion : deux modèles d'activité critique », *ibid.*, p. 81.

universités, le monde de l'école ou plus largement celui du
public qui lit. Dans de tels espaces sociaux, des discussions
ont lieu sur le sujet des textes lus et interprétés selon
des méthodes en cours, chargées de leurs présupposés
et adossées à leurs appareillages conceptuels, tantôt
communs, tantôt rivaux, les paradigmes herméneutiques
des études littéraires pouvant muter d'un temps à l'autre,
d'une école à l'autre. Quand S. Fish évoque donc un
« jeu », ce n'est pas pour rabattre la lecture savante sur
une forme frivole de la liberté intellectuelle qui devrait
y prévaloir ; mais pour renvoyer, avec une théorie de la
lecture comme libre interprétation des textes, aux milieux
très concrets dans lesquels s'enracine toute exégèse :
l'université, si l'on s'en tient aux lectures académiques,
le monde de la religion, si l'on pense aux textes sacrés,
le public et ses goûts réels ou supposés, si l'on songe à
la marchandisation de la culture et au produit « livre » ;
et pourquoi pas, enfin, l'histoire personnelle du lecteur
et ce que l'école de Constance appelle son « horizon
d'attente ». Tout comme un jeu de ballon se déroule
sur un terrain qui présente une configuration formant,
par elle-même, une composante des règles du jeu, la
lecture savante ou, plus largement, critique, se déroule
dans le cadre d'une « structure d'intérêts et d'objectifs
bien compris »[1] que les lecteurs assument en participant
à la présentation, à la publication et à la discussion de
leurs lectures, qui sont autant de thèses et de positions
sur les textes et sur les auteurs concernés. « Structure
d'intérêts » désigne le cadre institutionnel des travaux
académiques ; et « objectifs bien compris » renvoie aux
représentations, notamment axiologiques, régissant à la

1. « Comment reconnaître un poème quand on en voit un », *op. cit.*,
p. 71.

fois les positions occupées dans les cadres institutionnels – le professeur, l'assistant, l'étudiant – et la nature des interprétations qui y ont cours, des lectures et des travaux qui les attestent. Dans la détermination de la recevabilité des hypothèses de lecture, qui sont plutôt bien des thèses, « le consensus d'une communauté » est donc décisif[1], et c'est principalement dans la capacité de s'y glisser et d'y déployer une activité herméneutique propre que réside la garantie, non simplement de lire, mais bien de *donner une lecture* des textes qu'on aborde. Il existe donc une homologie structurale entre le texte, qui est toujours donné en contexte, et ses lectures, qui consistent toujours en des artefacts produits dans de véritables fabriques du sens.

Ce qui n'est pas sans poser une difficulté relative à la nature textuelle du texte, symétrique de la nature opérationnelle d'une lecture effectivement vivante. Pour en préciser les termes, il faut revenir à un débat – peut-être emblématique des *seventies*, sûrement structurant pour ce qui concerne les théories contemporaines de la lecture – ayant opposé Meyer Howard Abrams et « *How To Do Things With Texts*[2] », d'une part, S. Fish et « Y a-t-il un texte dans ce cours ? »[3], d'autre part. Le noyau de la querelle concerne effectivement le statut des textes, qui détermine à son tour la nature et les possibilités de la lecture qu'on en *fait* ou qu'on en *donne*. Le « paradigme

---

1. Voir U. Eco, « Réponse », dans *Interprétation et surinterprétation* S. Collini (dir.), Paris, P.U.F., 1996, p. 138 *sq.*

2. À la lettre : « Comment faire des trucs avec des textes » (CFTT) – version augmentée d'une conférence prononcée en 1978 à l'université de Columbia et publiée par la *Partisan Review* en 1979 (vol. 46, n°4, p. 566-588).

3. S. Fish, *Quand lire c'est faire, op. cit.*, p. 29-53.

traditionnel ou humaniste » auquel se réfère M. H. Abrams
s'adosse au double postulat d'une ferme intentionnalité
de l'auteur, qui sait ce qu'il veut dire et quels mots il doit
employer pour le dire, et d'une exigence symétrique du
lecteur, qui « s'engage à révéler ce que l'auteur a projeté
et signifié »[1]. D'où le reproche fait en conséquence à
S. Fish de « diminuer, voire d'effacer le rôle joué par
l'auteur » dans l'écriture de ses textes[2]. Contre ce qu'il
estime être le « relativisme méthodologique » de S. Fish[3],
M. H. Abrams affirme la solidité quasi architecturale des
textes dont une lecture experte consiste à mettre au jour
les intentions linguistiques de l'auteur, les stratégies de
lecture que ce dernier envisage lui-même comme étant
celles de son lecteur, et les significations stabilisées
qu'il entend transmettre dans ses écrits. Pour dire plus
prosaïquement : selon M. H. Abrams, un auteur sait ce
qu'il écrit, pourquoi il l'écrit et à qui il le destine, en
même temps qu'il anticipe les efforts que son lecteur
devra consentir pour comprendre ce qu'il a voulu dire[4].
Car il existerait un lien entre le texte, dont la nature
reposerait sur les intentions décelables de son auteur, et
l'acte de lecture, dont les procédures devraient contribuer
à éclairer au mieux les premières. Face-à-face du texte et
du lecteur, lire consisterait à tirer méthodiquement au clair
des significations toujours déjà sédimentées en suivant le
vecteur exclusif du texte et de sa lettre. En quoi la position
de M. H. Abrams assure un gain conséquent en termes
de normativité herméneutique, puisqu'elle garantit un
accès direct aussi bien à « l'inépuisable variété de la

1. CFTT, p. 566.
2. CFTT, p. 576.
3. CFTT, p. 579.
4. CFTT, p. 581.

littérature » qu'aux interprétations des « humanistes et des critiques qui furent nos précurseurs »[1]. Homogénéité de la forme langagière et continuité intergénérationnelle de la glose forment donc ensemble le substrat d'une théorie substantialiste de la textualité visant à réfuter un « libre jeu » des interprétations et à stigmatiser leur « ultime futilité »[2].

Or la liberté des interprétations n'implique ni leur égale valeur, ni d'infinies possibilités herméneutiques. Ramené à sa structure de base, l'argument substantialiste s'attaque de manière purement formelle à un supposé « scepticisme radical »[3] et peine à rendre raison de la dynamique constructiviste qu'il prétend réfuter. Car si le constructivisme postule bien que lire engage *librement* dans des voies interprétatives très variées, il ne prétend pas que ces dernières soient toutes fécondes ou qu'elles présentent nécessairement de l'intérêt. Dans le travail de la lecture, tout dépendra de la *fécondité des interprétations* et de la façon dont elles pourront s'inscrire dans leur contexte « naturel » : le monde académique ou celui de la critique et du public plus ou moins large des lecteurs. Au rebours du substantialisme des textes, l'hypothèse constructiviste ou herméneutique fait fonds sur l'idée d'une « autonomie de la lecture » et se montre réfractaire à réduire la compréhension à une simple « transposition psychique » : « l'horizon de sens de la compréhension n'a pour limite, écrit Gadamer, ni ce que l'auteur avait primitivement en tête, ni l'horizon du destinataire pour qui le texte a été écrit à l'origine »[4].

1. CFTT, p. 588.
2. CFTT, p. 570 et p. 574.
3. CFTT, p. 568.
4. H.-G. Gadamer, *Vérité et méthode*, Paris, Le Seuil, 1996, p. 417.

La question centrale de la fécondité des interprétations est effectivement celle de l'étroite articulation de la liberté d'usage des textes et de la normativité des effets herméneutiques produits par la lecture. Il s'agit d'en finir avec le paradigme d'un triptyque associant un auteur créateur omnipotent, un texte sédimenté dans son édition princeps réelle ou supposée, enfin un lecteur idéalisé et capable de faire émerger la vérité de la chose lue. « Un texte (…) est un tissu de *non-dit* », écrit Umberto Eco[1], et « ce non-dit qui doit être actualisé (…) requiert des mouvements coopératifs actifs et conscients de la part du lecteur ». La lecture est en ce sens un mouvement de vérification ou de validation d'hypothèses sur les propriétés d'un texte. Cela n'implique pas que les « mécanismes textuels » apparents ou sous-jacents déterminent les possibilités interprétatives du lecteur[2] ; cela implique plutôt de fureter parmi ses propriétés sémantiques et de le placer dans la perspective de son histoire, et non pas de la sienne seule, du reste, mais également de celle des lectures auxquelles il a pu donner lieu. Toute la question est dès lors de savoir de quoi des lectures sont fécondes, quelles opportunités intellectuelles elles offrent et quelles sortes de redondances ou d'apprentissages elles favorisent. Toute lecture attentive est une procédure plus ou moins normée d'intellection, non une manière de réception passive d'un texte qui se contenterait de livrer ce qu'il dit. Eco parle même de « promenades inférentielles »[3] pour insister sur l'idée que lire consiste autant à entrer dans un texte qu'à en sortir. Ce faisant,

---

1. U. Eco, *Lector in fabula*, Paris, Le Livre de Poche, 2010, p. 62.
2. R. Rorty, « Le Parcours du pragmatiste », dans *Interprétation et surinterprétation, op. cit.*, p. 96.
3. U. Eco, *Lector in fabula, op. cit.*, p. 150 *sq.*

le lecteur ne suit pas un chemin tracé par un auteur ou par l'histoire de sa réception. Il irait plutôt « à sauts et à gambades », pour reprendre Montaigne, investissant et explorant un territoire sémantique dont le terreau n'a jamais révélé toutes ses propriétés herméneutiques, toute lecture étant au fond une relecture et, fût-elle « armée », toujours aussi une manière de « rumination »[1].

Que se passe-t-il, de fait, quand on lit? Le plus souvent, rien ou peu de choses : du temps a passé, on s'est informé, on a pris une sorte de plaisir – dans leur immense majorité, les *legibilia* et, parmi eux, les livres, ne méritent guère plus que cela, et « cela », du reste, ce n'est déjà pas si mal. La question du geste de la lecture ne se pose sérieusement que lorsque ce qu'on lit présente quelque chose comme une « épaisseur », pour parler par métaphore. Comme l'écrit à cet égard Wolfgang Iser, « la structure du texte et la structure de l'acte de lecture sont [...] intimement liées »[2]. Non seulement la notice d'un sirop contre la toux ne se lit pas comme un roman de Balzac, mais un roman de Balzac ne se lit pas non plus comme un roman d'Eugène Sue ou comme un opuscule de Kant. Si la chose paraît évidente, l'explication n'en coule pas de source; tout au plus peut-on dire qu'un procédé informationnel, mobilisé dans le premier cas, n'a pas grand-chose à voir avec des procédés herméneutiques, diversement mobilisés dans les autres cas. Dans tous les cas, sans doute, le lecteur « actualise » une potentialité du texte; dans certains cas, cependant,

1. B. Fraenkel, « L'appropriation de l'écrit, la lecture-écriture », dans *Les Entretiens Nathan sur la lecture*, Paris, Nathan, 1993, p. 144 *sq.*
2. W. Iser, *L'Acte de lecture. Théorie de l'effet esthétique*, Sprimont, Mardaga, 1997, p. 72.

cette actualisation ressortit à de véritables stratégies exégétiques et elle mobilise des appareils critiques plus ou moins élargis, denses et complexes. C'est en ce sens qu'il faut comprendre le propos de W. Iser, que le lecteur est un « système de référence » du texte[1] ; non parce qu'il en détiendrait *la* clé, mais au sens où, « les perspectives de présentation du texte [n'étant] jamais offertes que de façon fragmentaire, [...] la cohérence du texte ne peut être établie que par l'activité de représentation du lecteur »[2]. Il n'y a pas de texte qui ne soit lacunaire ou disjonctif, qui ne présente des « blancs » qu'il revient au lecteur de combler. Dans *L'Acte de lecture*, le postulat semble ne concerner que les œuvres littéraires ; son application aux disciplines de sens, à la philosophie par exemple ou aux textes sacrés, se fait sans difficulté : s'ils étaient pour ainsi dire pleins d'eux-mêmes et intrinsèquement désambiguïsés, il n'y aurait pas lieu de les commenter, mais seulement de les apprendre par cœur et d'en user comme de machines.

Il faut dès lors apprendre à se garder du triptyque de l'auteur, du texte et du lecteur. Le rôle du lecteur n'est en effet pas de combler des manques du texte, intentionnellement ou fortuitement laissés par son auteur. Un « blanc » structure un texte, il n'en marque pas les lacunes : écrire, ce n'est jamais tout écrire, c'est construire un monde habitable de mots. L'habiter, c'est donc bien à son tour s'y installer et s'y construire, du moins intellectuellement ; et comme tout espace dans

---

1. *Ibid.*, p. 69.
2. *Ibid.*, p. 321-322. – De façon analogue, U. Eco évoquera dans *Lector in fabula* les « disjonctions de probabilité » qui « s'ouvrent [...] à l'intérieur d'une simple phrase » et font que « le lecteur actualise la *fabula*. », p. 143 et 142.

le monde est investi selon des possibilités diverses, un monde de mots est occupé diversement par des pensées et par des attentes et affronté avec les outils disponibles. Toute lecture impose d'apprendre ou de réapprendre à maîtriser un appareillage conceptuel et méthodologique. C'est afin de porter une lumière suffisante sur les textes et de les rattacher à leurs implicites, à leurs « blancs », à leurs multiples décors et à la machinerie intellectuelle qui les structure, à la fois intentionnelle, par référence à leur auteur, et structurelle, par référence à l'environnement textuel qui les accueille : stylistique, spéculatif, esthétique. Or cet apprentissage et même ce réapprentissage permanent recouvrent, pour l'essentiel, le travail de la critique et les méthodes d'interprétation explicative qu'il enveloppe. C'est même un certain glissement dans l'ordre des méthodes d'interprétation explicative qui constitue, ici, le noyau de la difficulté. Lire un texte de quelque « épaisseur », c'est bien l'interpréter, mais le travail de l'interprétation est fondamentalement un travail de positionnement ou de repositionnement culturel ou théorique. Y a-t-il en effet jamais une entrée *immédiatement* pertinente et donc *authentique* dans un texte de littérature ou de philosophie ? Y a-t-il jamais une lecture authentique de textes classiques pour lesquels se sont perdus les idéaux et les croyances qui les soustendaient ? Peut-on sincèrement croire, aujourd'hui, en un « ciel des Idées », voire en une « substance pensante » ? *Croire* et non pas simplement comprendre, adhérer *en première personne* et non pas seulement étudier. Or si les systèmes de croyances auxquels est adossé un texte ont disparu, tout comme l'ambiance de vie dans laquelle il a surgi, Platon ou Descartes sont, aujourd'hui encore, non seulement lisibles, mais interprétables, et non pas seulement interprétables, mais bien susceptibles d'un investissement intellectuel présentant une légitime visée de vérité *en première personne*. Autrement dit, n'y croirait-on pas, les postulats de Platon ou de Descartes ne sont pas, au présent, ce qu'on appellerait des « erreurs », et ils ne s'apparentent pas à un calcul fautif ou à une prévision approximative. Ils disent bien *vrai*, pourvu qu'on sache mobiliser, non leurs propres systèmes de croyances, totalement perdus, mais les outils conceptuels, méthodologiques et herméneutiques appropriés à ce dont *nous* observons qu'il est question : la recherche philosophique dans le domaine des idées ou dans celui des fonctions de l'esprit. Une prétendue « authenticité-d'autrefois » n'est jamais que le fantasme d'une position de lecture historique à jamais perdue. Comme positionnement herméneutique et non pas comme retour à une origine à la fois présupposée et perdue, l'acte de lecture ressortit à un travail de *construction de contextes* toujours contemporains dans lesquels l'activité interprétative se révèle à la fois méthodologiquement possible, logiquement pertinente et intellectuellement féconde. Afin de rendre possible la lecture, construire aujourd'hui un contexte d'hellénité, de romanité ou de modernité accueillant Aristote, Tibulle ou Corneille, ce n'est pas organiser des retrouvailles avec une hellénité, une romanité ou une modernité « authentiques », mais c'est *inventer*, dans une construction raisonnée, des espaces interprétatifs dans lesquels les âges passés de la pensée continuent, non d'emporter aujourd'hui une pertinence, mais d'emporter encore une *pertinence d'aujourd'hui*. Toutes les interprétations ne se valent pas et toute vérification n'aboutit pas. Mais, dans l'ordre des « méthodes d'interprétation explicative », on va de l'*ambiance* culturelle dans laquelle sont installés l'homme de la rue et le lettré, à la structure académique dans laquelle les œuvres de quelque « épaisseur » conservent d'abord et renouvellent ensuite leur puissance de signification. Légitime au point de vue de la mémoire culturelle qu'elle entretient, une posture académique détermine le repositionnement du lecteur – comme savant ou comme érudit – dans la période de référence de son ouvrage. On ne lira jamais plus les poètes grecs et latins comme des lettrés grecs et latins les lisaient, mais on peut imaginer de se lover dans une certaine image des textes reconstruite par les savoirs académiques : une image, non de ce qu'ils étaient, mais de ce dont ils ne cessent d'être féconds pour la succession des lecteurs qui, de génération en génération, se projettent dans la promesse qu'on saura toujours les lire, quelque vérité qu'on parvienne à y organiser et à y déceler, qu'on saura les réinventer : « le lecteur peut, et, bien plus, doit s'avouer à lui-même que les générations à venir comprendront différemment ce qu'il a lu dans [un] texte »[1].

L'ouverture de la scène sur laquelle se tient le « lecteur informé » va ainsi d'une *ambiance* de culture – celle du monde de la lecture actuelle et vivante – à une *structure* critique – celle du monde universitaire ou, du moins, de la scolarité ordinaire – où lire gagne en robustesse, sans doute en continuité, mais rencontre, dans le même temps, les difficultés propres à ses architectures sous-jacentes. La construction de contextes de lecture est la construction d'environnements sémantiques plus ou moins originaux dans lesquels la lecture devient possible, non seulement comme fait informationnel, mais

---

1. H.-G. Gadamer, *Vérité et méthode*, *op. cit.*, p. 362.

comme geste herméneutique et comme appréhension de l'« épaisseur » réputée des textes. Des œuvres littéraires ou philosophiques, de celles des sciences de la nature ou des sciences humaines, il y a ainsi fort à parier, non seulement que tout n'a pas déjà été dit, mais même qu'il y a encore et toujours beaucoup à en dire. En quoi le dire issu de la lecture n'est jamais seulement un redire, il comporte toujours, au moins virtuellement, serait-ce même marginalement, une irréductible dimension inventive.

Mais qu'est-ce donc enfin que cette « épaisseur » qui *requiert* le lecteur, non pas seulement son attention, mais également un investissement et même une forme de *philologisme*? « Cartésien » ou « pascalien », on ne l'est jamais qu'au sens de : « spécialiste de Descartes ou de Pascal ». Comme pour un « balzacien » ou un « flaubertien », cela désigne une aptitude à lire les auteurs en question en connaissance de cause et en mesurant, par la lecture, ou en exposant dans la restitution académique de cette lecture, cette « épaisseur » de sens, de style, de pensée à laquelle ne peuvent accéder ni un lecteur naïf, ni un lecteur nescient. C'est pourquoi il y a quelque chose d'enviable dans la vie d'un « proustien » ou d'un « husserlien » : ils sont installés dans des pensées dont ils perçoivent plus que la surface des mots et de leur sens, plus que la description d'une Albertine enchaînée par l'amour qui l'étreint comme il aliène son amant ; plus que la définition formelle d'une « égologie transcendantale » ou l'identification nominale de ce qu'il convient d'entendre par « synthèse passive ». Vie enviable, pourvu qu'on envie l'acquisition et la maîtrise des méthodes d'analyse et de pensée appropriées à de tels objets et qu'on se passionne également pour ces derniers.

Ce qui est donc enviable, dans de telles lectures et dans la vie de tels lecteurs, c'est que leurs artefacts conceptuels et méthodologiques, leurs constructions sur tel auteur ou telle œuvre forment des architectures réussies sous lesquelles, même temporairement, ils habitent et se tiennent pour jouir, tout simplement, du bonheur de *penser*.

Lire, interpréter, penser – ce n'est donc jamais qu'une seule et même chose. Mais qui entretient encore l'illusion d'un espace transparent de la lecture, comme si une dialectique un peu subtile du texte, de l'auteur et du lecteur suffisait à dévoiler la structure d'ensemble de ce qu'est lire. Que faire alors de ce propos d'un « jeune Américain noir devenu un professeur célèbre » : « Madame de Rênal est une Blanche ; Julien Sorel est un Noir »[1] ? Formule anecdotique pour énoncer le principe selon lequel les « œuvres, bien que matériellement achevées, restent ouvertes à une continuelle germination de relations internes », « à une série virtuellement infinie de lectures possibles »[2]. D'un point de vue abstrait, il s'agit simplement de corréler le fait qu'un auteur « sait qu'il structure à travers son objet un *message* », au fait que celui-ci est « une invitation à *faire l'œuvre* avec l'auteur »[3]. Concrètement, il en résulte une liberté infinie de lire, d'interpréter et de penser les textes sur lesquels on travaille. L'idée n'est d'ailleurs pas neuve : « J'ai lu en Tite-Live cent choses que tel n'y a pas lues. Plutarque en y a lu cent, outre ce que j'y ai su lire, et, à l'aventure, outre ce que l'auteur y avait mis.[4] » Se

1. P. Dumayet, *Autobiographie d'un lecteur, op. cit.*, p. 196.
2. U. Eco, *L'Œuvre ouverte*, Paris, Le Seuil, 1965, p. 35.
3. *Ibid.*, p. 11 et p. 35.
4. Montaigne, *Essais*, I, 25/26 – « à l'aventure » : peut-être.

relisant lui-même et alourdissant incessamment son ouvrage de quelque « allongeail » « supernuméraire », Montaigne incarnait parfaitement cette éthique de la libération des textes et de leur mise en disponibilité[1]. On peut, et même « il faut *comprendre* un auteur *mieux qu'il ne s'est lui-même compris* », insiste Gadamer[2]. Il n'est pas question de dissimuler que toute lecture se déploie sous condition d'une certaine police, mais bien de fixer à cette dernière ses prérogatives et de tracer des limites à l'exercice d'une liberté qui se confondrait dans sa propre impuissance au lieu d'exploiter son énergie inventive. Pour le dire par métaphore, il faut se donner les moyens de saisir *le kaïros de l'interprétation* et comprendre cette dernière, non comme l'acte pur d'une subjectivité en suspension dans les vapeurs de l'esprit vrai, mais comme le fait de Pierre, Paul, Jacques ou Jean – qui sont emmaillotés dans la vie et non seulement ouverts aux livres, mais également exposés les uns aux autres et tous ensemble aux environnements, notamment intellectuels, qu'ils habitent et qui les modèlent.

Attention toutefois à une fausse idée de la liberté : « entre la mystérieuse histoire de la production d'un texte et la dérive incontrôlable de ses futures lectures, le texte en tant que texte représente encore une présence sûre, le point auquel nous pouvons nous cramponner »[3]. Lire un texte est s'y tenir et en éprouver la solidité. Mais il ne suffit pas de vouloir se cramponner pour savoir le faire. Le tout de l'acte de lecture rassemble, d'une part, les possibilités sémantiques inhérentes au texte – qui

1. Montaigne, *Essais*, III, 09.
2. H.-G. Gadamer, *Vérité et méthode*, *op. cit.*, p. 211.
3. U. Eco, « Entre l'auteur et le texte », dans *Interprétation et surinterprétation*, p. 80.

ne dit précisément pas n'importe quoi, mais vise un certain quelque chose, qu'U. Eco nomme un *topic*[1] et qu'on ne peut manipuler qu'en fonction des attentes et des interprétations qu'il détermine ; et, d'autre part, une certaine « compétence du lecteur »[2] qui déclenche le système des hypothèses dans lesquelles vont s'inscrire la lecture, son plaisir et sa peine, ses trouvailles ou ses échecs. L'essentiel est en fait dans la cohérence de cette lecture, qui résulte des choix qu'on fait, parmi les « aspects variés » d'un texte, de ceux qu'on estime « marginaux » et de ceux qu'on suppose sémantiquement efficaces[3]. Il faut savoir lire pour lire : la formule n'est pas triviale, elle renvoie au système plus ou moins complexe des compétences et des savoirs que nous sommes requis de mobiliser quand en lisant nous entreprenons de nous positionner au milieu des systèmes sémantiques que nous tenons en main. Le texte s'y rapporte, mais il se rapporte aussi à l'intersubjectivité des choix qui peuvent ou même doivent prévaloir. « Du moment que le lecteur et le texte ont un langage en commun, n'importe quel lecteur peut trouver un *certain* sens à n'importe quel texte », écrit A. Manguel[4]. Le postulat est à la fois optimiste et libéral, mais du moins il ne fait pas oublier que toute stratégie interprétative ne présente pas les mêmes propriétés, c'est-à-dire la même efficacité, et que la concurrence est rude entre les lecteurs, leurs manières de s'approprier les textes et, surtout, de faire fructifier ces appropriations sur le marché de l'exégèse. À titre conservatoire, on estimera donc avec U. Eco qu'une « bonne interprétation »

1. Voir U. Eco, *Lector in fabula*, *op. cit.*, p. 110 *sq.*
2. U. Eco, « Entre l'auteur et le texte », *op. cit.*, p. 62.
3. *Ibid.*, « Réponse », p. 135.
4. A. Manguel, *Une Histoire de la lecture*, *op. cit.*, p. 125.

est une interprétation « raisonnable » en ce qu'elle appartient à une communauté, généralement savante, selon le régime d'intersubjectivité qu'elle permet à ses membres de négocier. Dans ce cadre relativement – ou insidieusement – contraint, « il est [peut-être] difficile de savoir si une interprétation donnée est bonne, il est en revanche plus facile de reconnaître les mauvaises »[1]. En quoi les étudiants du professeur Fish ont bien raison de filer doux !

---

1. U. Eco, *Les Limites de l'interprétation*, Paris, Grasset, 1992, p. 382 *sq.*

CHAPITRE III

HERMÈS EST COMMUN

Un ruissellement de caractères mal identifiables sur un fond d'écran noir : on connaît l'emblématique ouverture de *Matrix*, l'œuvre des frères Larry et Andy, devenus les sœurs Lana et Lilly Wachowski. Ultime transformation des supports de la lecture, dont les modifications successives ont produit par le passé les mutations de l'acte même de lire ? De manipulation malaisée, le *volumen* supposait de le tenir à deux mains et de le dérouler pour découvrir progressivement un texte destiné à être lu à haute voix dans une communauté. Relativement limitées, les dimensions et la surface disponible du *volumen* contraignaient fatalement la longueur des textes inscriptibles, ce qui aurait conduit, par exemple, au découpage de l'*Iliade* en vingt-quatre chants[1] – comme jadis le 45 tours imposait aux yéyés des mélodies de moins de trois minutes, alors qu'un opéra de Wagner tient à présent tout entier sur un *Digital Versatile Disc* (DVD) de moindres dimensions physiques. Le *codex*, d'abord une sorte de cahier de feuillets cousus ensemble, fut à cet égard une véritable révolution technologique, puisqu'il permit, d'une part, en multipliant les feuillets, d'accroître significativement

1. D'après A. Manguel, *Une Histoire de la lecture, op. cit.*, p. 175.

la longueur des textes reproduits; et, d'autre part, en le manipulant et en le feuilletant, de naviguer dans le texte, d'une page à une autre, d'un chapitre à un autre, d'un bout à l'autre de l'écrit. Si l'invention de l'imprimerie a, comme on dit, « exponentialisé » la production des *codex* sous forme de livres, aucune révolution majeure n'est venue entamer notre apprentissage de la lecture, ni la maîtrise progressive et l'exploitation de ses opportunités[1]. Non que les manières de lire aient été ou soient devenues univoques. À une histoire différenciée du livre correspond une histoire différenciée de la lecture, de sa publicité ou de son silence, de sa solitude ou de sa socialité, de sa gradation sociale comme de sa vulgarisation[2]. Décrivant une autocensure larvée et des positionnements sociaux contraints[3], la sociologie pointe elle-même certaines représentations communes de la lecture, sur ce qu'il importe de lire, la façon dont il faut lire ce qu'il faut lire. Pour autant, on aimerait en rester à cette raisonnable identité formelle : lire, c'est toujours lire.

Où l'on revient au ruissellement des caractères sur un écran noir : ne renvoie-t-il qu'à une modification des supports de lecture, passés de la tablette sumérienne au papyrus égyptien et de ce dernier au parchemin, robuste et maniable, qui préfigura l'infinie variété des papiers et des formes d'ouvrages que nous savons fabriquer? Diverses transformations ont fait de la lecture un cérémonial aristocratique ou sacré, un acte social,

1. Voir également Fr. Bon, *Après le livre*, Paris, Le Seuil, 2011, p. 171 *sq.*, ainsi que p. 231 *sq.*

2. Voir « Du livre au lire », dans R. Chartier (dir.), *Pratiques de la lecture*, Paris, Rivages, 1985, p. 62-88.

3. Voir, J. Bahloul, *Lectures précaires : Études sociologiques sur les faibles lecteurs, op. cit.*

un geste solitaire et, enfin, une pratique méditative ou professionnelle, dès que l'annotation des textes a été possible et que Montaigne a pu ne jamais en finir d'écrire les *Essais*. Mais en quoi peut bien consister l'action de suivre des yeux, par saccades, un ruissellement de lettres et de chiffres sur un écran ? Reconnaissons d'ailleurs que cela n'est physiquement guère possible. Alors de quoi ce ruissellement de caractères – métaphore esthétique du texte numérique et de sa dynamique originale, de son lieu, non seulement d'émergence, mais bien d'existence – est-il le signe ? Ou encore et à nouveau : qu'est-ce que cet acte que nous appelons lire, dans les conditions nouvelles que nous impose l'existence d'un monde numérique ?

À la surface des choses, on observe que la lecture sur écran – il faudrait dire : « sur écrans », tant la variété de ceux-ci s'est imposée, avec leurs effets induits de différenciation – se décline avant tout en termes de confort ou d'inconfort, d'efficacité ou d'inefficacité pratique et intellectuelle, en termes de temps également et d'investissement dit « personnel ». Le scintillement fatigue et altère la concentration ; au rebours, la disponibilité des textes numériques permet de les manipuler de si multiples façons que la question deviendrait légitime de savoir si « lire » n'est pas, du moins en un sens, peut-être même en un sens *premier*, « disposer », « aligner », « ordonner » sur l'écran avant même toute attention et toute compréhension sérieuse du sens et de la portée des *legibilia*. Mais quoi qu'on en dise – et l'on en dit d'ailleurs une infinité de choses congruentes et convenues – cette pseudo-phénoménologie de la lecture contemporaine nous confine dans l'indigence des impressions premières et des recettes pour préserver sa concentration ou protéger son sommeil ; voire dans une certaine complaisance pour cette « formidable » ressource informationnelle que représentent les réseaux et pour le « fabuleux » enrichissement culturel qu'ils nous promettent. Il est d'ailleurs bien trop tôt, dans l'histoire des mondes numériques, pour prétendre en tirer une leçon substantielle et durable : imagine-t-on une théorie du livre issue de l'invention du *codex*, dès les premières décennies de l'ère chrétienne ? La mutation numérique et ses incidences psychomotrices peuvent bien faire l'affaire des diverses psychologies existantes ou d'une bruyante sociologie de l'éducation, on n'y trouve en vérité pas plus son compte qu'en Anaxagore.

Les hypothèses d'interprétation du passage au monde numérique s'appauvrissent donc au fur et à mesure qu'on en expose les évidences les plus communément reçues[1]. Celle, par exemple, consistant à observer que la lecture numérique résulte d'un simple changement de support est indigente et se résumerait à faire accroire qu'il suffit de scanner un texte et de le projeter sur un écran pour éprouver les effets de la révolution technologique sur nos capacités de lecture. Même une vague analogie formelle qu'on relève parfois entre le déroulement latéral ou longitudinal du *volumen* et le défilement d'une page *web* sur l'écran reste décevante et peu féconde, pointant seulement vers une manière d'embarras que nous éprouvons à passer d'un bout à l'autre d'un document numérique. Plus sérieuse, une autre hypothèse viendrait avec raison souligner le caractère composite des *legibilia* numériques et pointer vers « la totalité complexe d'un

---

1. *A contrario*, voir les belles analyses d'H. Guillaud dans « Le papier contre l'électronique », *in* M. Dacos (dir.), *Read/Write book*, Marseille, Cléo, 2010, p. 39 *sq*.

processus associant image, récit, temps et reproduction matérielle ». C'est là une « pensée du *moderne* », dira-t-on à la suite de François Bon, en ajoutant cependant comme lui qu'il en fut ainsi « dès les années Baudelaire »[1] et que, par conséquent, le caractère hétéroclite du contenu d'un écran ne fait pas le propre du moment numérique des *legibilia* et de l'acte lecture. D'ailleurs, on a su, par le passé, fabriquer des livres mêlant le texte et l'image, voire incluant le texte dans l'image plutôt que faisant de celle-ci une illustration de celui-là. La *Bible des pauvres*, qui remonte à la seconde moitié du XVe siècle, est de ceux-là : lire, c'était pour la plupart décrypter des images, non déchiffrer du texte, aspect réservé à ceux qui savaient le faire en reconnaissant les diverses strates signifiantes des textes, « historique, morale et allégorique »[2].

C'est donc une troisième hypothèse qui devrait prévaloir, non d'une adaptation des pratiques de lecture à des objets technologiquement modifiés, mais d'une nouvelle combinatoire intellectuelle recouvrant l'acte de lecture et provoquée par l'éruption du numérique – hypothèse d'une nouvelle combinatoire du déchiffrage, de l'interprétation et de la compréhension. Car il s'agit toujours de lire, mais ce qu'on lit n'est pas un certain autre chose, c'est bien plutôt un radical *autrement*. Curieuse expression, à vrai dire : « lire un autrement » – cela est-il seulement correct ? Et pourtant, là est la difficulté, dans la *manière d'être* de ce que nous lisons. Jusqu'à nous, les textes ont été enserrés dans des espaces fixes comme la tablette, le papyrus, le parchemin qui, au fur et à mesure de leurs perfectionnements successifs,

1. *Ibid.*, p. 73.
2. A. Manguel, *Une Histoire de la lecture*, *op. cit.*, p. 143 *sq.*

ont contribué à optimiser les conditions d'exercice de l'intelligence dans le traitement qu'elle a toujours fait de ses inscriptions. Le livre moderne est à cet égard particulièrement ordonné et manipulable : d'une taille assurant une bonne prise en main, il forme un creuset où texte de référence, notes diverses, index et table des matières facilitent et enrichissent dans un même temps nos capacités d'appréhension et de compréhension des écrits. Or le monde numérique accuse certainement, par rapport à cette progression à la fois technologique et intellectuelle des supports textuels et des méthodes de lecture, une rupture d'une brutalité manifeste. Polymorphe et multifonctionnel, *actif et dynamique* autant qu'il est donné là-devant, le texte numérique s'offre à lire désordonnément, nous exposant indifféremment à des données, à des significations multiples et stratifiées et même, trop souvent, fugaces et presque insaisissables – pourtant présentes et porteuses de sens : images ou fenêtres émergentes, fonds sonores, requêtes inopinées, la liste est d'autant plus difficile à établir qu'elle compte des fonctions ou des applications rendues invisibles, mais qui sont pourtant « là », sur l'écran, dans l'écran – comment dire ? – à portée de regard en tout cas, opératoires, efficaces. Se tourner vers cette réalité et vers son irréductible présence, vers ses contraintes et vers ses demandes, c'est regarder du côté, non de la psyché et de ses petits malaises, non des habitudes acquises et de leur gêne momentanée, mais de l'émergence originale et concrète des *legibilia* dans le monde numérique, c'est-à-dire du côté encore peu exploré de leur structuration et de leur disponibilité.

Les espaces numériques ne constituent pas le lieu de reproduction de *legibilia* tout simplement dématérialisés.

Ceux-ci présentent désormais une nature intimement informatique, ils sont enfermés dans un mode d'existence qui ne suppose pas seulement une succession de lettres ou une juxtaposition de mots, d'images et de sons, mais bien des propriétés algorithmiques et la puissance active des couches logicielles qui les portent et rendent possible leur projection sur un écran. Dira-ton par conséquent que lire mobilise, non les industries du papier et de l'encre, mais celles de l'informatique et des télécommunications? Et que, par voie de conséquence, cela appelle des compétences informatiques entrant dans le jeu du déchiffrage et de la compréhension? Sans doute, mais la situation n'en est pas moins bien autrement complexe. Un *legibile* numérique ne résulte pas du simple placage sur la forme « texte » de contraintes de type logique ou informatique, qu'il suffirait de maîtriser pour se l'approprier. Du reste, l'existence de textes structurés de façon strictement logique et, d'une certaine manière, aisément « informatisables », est bien antérieure au développement contemporain des espaces numériques. *Marelle*, de Julio Cortázar, date de 1963, et Raymond Queneau a donné *Un Conte à votre façon* en 1967. L'un et l'autre textes, non seulement mettent le lecteur au centre de la construction logico-technique du récit, mais celui-ci est organisé de telle sorte qu'un calculateur en est le meilleur instrument pour une manipulation et une exploitation optimisées[1]. Lire, dans le contexte contraint d'aiguillages logico-sémantiques, c'est programmer des choix dans le cheminement d'un récit sous l'effet desquels celui-ci prend corps pour le lecteur dans cette

---

1. Voir de P. Corbinais : https://oujevipo.fr/general/5890-un-conte-a-votre-facon, (à la date de la publication).

expérience singulière, voire unique, qu'il prend la liberté concrète de conduire actuellement. On conçoit alors aisément que la traduction applicative du roman de l'un ou du conte de l'autre soit, non pas une subversion de leur réalité, mais leur réalisation authentique en tant que roman et conte – pour une expérience technicisée, peut-être plus tard automatisée de la lecture, mais surtout pour une expérience de la lecture qui conserve sa signification traditionnelle : le lecteur tient le texte en main, il opère sur le texte, il recompose le texte – comme nous faisons pour écrire un article ou un livre.

Rigoureusement parlant, la question de la *structuration* des *legibilia* numériques se pose en des termes bien différents de ceux qui concernent leur seule apparence ou leur configuration informatique ; elle dépasse donc l'informaticien Cortázar ou le programmeur Queneau. Avec l'essor du numérique, on est amené à faire l'hypothèse, non d'un basculement des *legibilia* dans les espaces numériques et d'une certaine incidence des techniques informatiques sur la lecture, mais d'une véritable *catastrophisation* de leur mode d'existence, de leurs modes de production et de publication, ainsi enfin que de leur réception et de leur manipulation par des lecteurs. Autrement dit : le mode « catastrophique » d'existence des *legibilia* détermine un mode « catastrophique » d'effectuation du geste ou phénomène « lire ». Mais l'idée n'est aucunement celle d'un désastre ! « Catastrophe numérique » s'entend au sens didactique d'une rupture durable de stabilité du milieu de la lecture, les conditions d'existence et de résilience des *legibilia* excédant largement celles des textes ou des livres que nous avons coutume de manipuler, même en les téléchargeant depuis les réseaux. La difficulté ne se situe plus dans le registre des échelles de sérieux ou de profondeur des textes et de la lecture, dans celui des interprétations, de leur subtilité, de leur viabilité ; elle est dans la constitution, dans l'appréhension et dans l'appropriation de ce qui est *donné* comme destiné à la lecture, ce que nous savons de « lire » n'étant plus immédiatement perceptible dans ce qui a lieu, réellement et concrètement, quand nous nous absorbons dans « le numérique ».

De quoi, donc, un ruissellement de caractères sur un écran est-il le signe ? De ce que ce qui est donné à lire n'est jamais pur texte, mais, au mieux, *du* texte enserré dans un dispositif technique approprié à sa présentation. L'encre dessine sur la page les lettres et les mots qui forment des lignes et des paragraphes ; sur l'écran, le scintillement des pixels ne représente jamais seulement des lettres et des mots, mais, irréductiblement, *avec eux*, le dispositif technique, informatique et applicatif qui rend possible leur scintillement d'abord, leur représentation et leur lecture ensuite. Nous avons pris l'habitude de ne pas voir ce qui conditionne ce que nous voyons sur l'écran. Or un système applicatif opère en sous-main tandis que nous nous contentons de lire l'écran, et il forme la réalité environnementale et outre-textuelle du texte, en lui comme hors de lui.

Strictement parlant, à un double égard. D'une part, parce que le texte « n'existe », là-devant, que produit par la superposition des couches logicielles qui le font apparaître. Pour la plupart, nous en assumons la réalité et les contraintes de manière « naturelle » : nous avons tout simplement déjà pris le pli du numérique et ne pensons plus à son intelligence embarquée, ni aux gestes

techniques requis pour « appeler » un texte et y appliquer
les habitudes de lecture que nous avons acquises de longue
date. C'est pourquoi nous croyons que nous lisons, sans
inquiétude de ce que nous faisons vraiment et de ce qui
se passe vraiment quand nous lisons. Mais si la réalité
du texte est « environnementale et outre-textuelle », c'est
aussi, d'autre part, parce que dans le *legibile*, la part du
texte – serait-elle l'essentiel de notre préoccupation – est
contrainte, opacifiée, parfois même réduite ou étouffée
par tout ce dont elle est enveloppée : les règles extérieures
et fixes d'un logiciel, les applications mobilisées en tâche
de fond par un site web, diverses dispositions graphiques
particulières, etc. Sur nos écrans qui, désormais, le plus
souvent, nous projettent sur les réseaux, nous n'avons
plus affaire à de simples textes – les « simples textes »
étant eux-mêmes enserrés dans des environnements
multimédias – nous avons réellement affaire à des *objets
de sens*, c'est-à-dire à des entités dynamiques complexes
qui, au moins potentiellement, présentent *tout uniment*
les caractéristiques de textes, de sons, d'images animées
ou inanimées, voire d'applications qui leur font exécuter
des instructions dont nous avons parfois une vague
idée mais auxquelles, le plus souvent, nous restons
totalement aveugles. C'est pourquoi, par analogie avec
les analyses de René Thom sur les milieux physiques[1], il
faut bien parler de « catastrophe numérique », non pour
dénoncer une quelconque rupture civilisationnelle – ce
ne serait vraiment pas sérieux – mais pour appréhender
les *legibilia* et l'expérience de lecture qu'ils induisent

---

1. R. Thom, *Paraboles et catastrophes*, Paris, Champs-Flammarion
(1989), p. 6 *sq.* et p. 59 *sq.* (sur l'idée de « catastrophe »), p. 39 (sur
l'idée de « défaut »), ou p. 42 (sur l'idée des « attracteurs vagues »).

dans leur réalité effective : dans le milieu métastable et perturbé qu'ils forment, non seulement sur nos écrans, mais dans l'ensemble de la matrice informatique d'où, soit à notre demande, soit impromptu, ils surgissent et nous commettent à les appréhender et à les comprendre. Le lecteur n'est plus confronté, au sens traditionnel, à une œuvre textuelle, voire encombrée d'images et de sons, il est confronté à des amalgames opératoires et signifiants qu'il est appelé à « lire », dira-t-on par commodité, non en extrayant une dimension textuelle d'un décor multimédia, mais en assumant la polymorphie du *legibile* et en le « lisant », s'il faut dire ainsi, comme un certain tout qui appelle d'autres réflexes que celui de la saccade oculaire et de l'interprétation réfléchissante.

La rupture est donc d'abord dans les gestes. Feuilleter un livre ou un journal s'exécute au doigt et à l'œil, parfois le crayon à la main, souvent en écoutant de la musique ou en conversant. Nul n'y pense et il n'y a pas à en juger autrement. Mais sur écran, la dernière ineptie exige non des gestes anodins, mais de mobiliser des savoirs pratiques assez rigoureusement conditionnés et coordonnés : il faut « ouvrir une application », mais non pas n'importe laquelle, il faut « faire défiler le fichier » et donc manipuler souris et clavier, il faut « sélectionner » sur l'écran l'information pertinente et, par exemple, ne pas confondre l'en-tête avec le corps du message, la barre des tâches avec le contenu de la fenêtre, etc. Ce qu'on « lit », par conséquent, ce n'est pas d'abord le message, c'est d'abord l'écran, ses fenêtres ouvertes, le nom des applications, celui des menus, etc. – ce sont donc des logiciels et non du texte. Où le nouveau monde a bien rompu avec l'ancien : il suffisait autrefois de porter le regard sur un texte et d'essayer de le comprendre, il faut à présent porter *des* regards différenciés, à la fois sur les outils informatiques en usage et sur les informations textuelles ou multimédia auxquelles ils donnent accès. Autrement dit, on ne lit pas un objet de sens comme on lit un texte, on le lit comme on vise une cible mouvante avec l'espoir de l'immobiliser et de (se) l'approprier : lire, c'est, dans un environnement essentiellement volatil, manipuler, gérer, discriminer et faire des choix « rationnels » pour capturer et préserver des proies cognitives[1]. À quoi, évidemment, nul ne songe : l'impensé radical de toute lecture numérique porte ordinairement sur l'essentiel de sa réalité, c'est-à-dire sur sa *processualité*. Alors donc qu'on n'y songe pas, tout de la lecture numérique se joue dans les techniques intellectuellement plus ou moins élaborées par lesquelles on se donne ou non les moyens de capturer des significations et de les faire siennes, c'est-à-dire de les intégrer dans l'environnement culturel de connaissances ou de croyances qui leur est le mieux ajusté. C'est donc bien encore et toujours « lire » – mais combien autrement ! Nous appréhendons et articulons des objets de sens, non pas exactement des livres, ceux-ci ne constituant que les éléments d'ensembles plus vastes et de nature disparate. Ainsi nous parcourons des environnements signifiants où lire, précisément, consiste à traverser un certain « milieu » – comme on dit marcher, nager, naviguer, ou explorer un espace de jeu. « Le livre devient jeu vidéo[2] » – autrement jeu, même : non

1. D. Boullier (*et al.*), *L'Outre-lecture : manipuler, (s')approprier, interpréter le Web*, Paris, Éditions de la BPI, 2003 : « L'une des particularités principales de la lecture "numérique" réside dans la nature activable de certains signes. C'est sur cette dimension manipulatoire de la lecture que le lecteur s'appuie pour s'orienter... », p. 163.

2. M. Le Béchec (*et al.*), *Le livre-échange*, Caen, C&F éditions, 2018, p. 271.

plus jeu de langage, mais mouvement, course, chasse, visée, capture, rétention, décomposition, recomposition, réarticulation.

Soit donc la lecture numérique comme pratique écologique, au sens littéral de l'occupation réfléchie d'un οἶκος sémantique différentié où il s'agit tout simplement de bâtir, d'habiter et de penser tout ensemble. Avec quelles briques assurer le bâti? comment habiter? et penser, dans le scintillement des écrans, est-ce encore une prétention légitime? Apparemment donnés là-devant comme objets de sens, les *legibilia* ne sont en vérité pas là-devant parce qu'ils ne sont tout simplement pas donnés, mais en production, sous couvert de multiples opérations informatiques autonomes et sous-jacentes et de quelques manipulations logicielles faites pour les révéler. On ne se situe plus vraiment dans un espace – celui de l'écran n'est pas un analogon de celui de la feuille ou du papyrus – on se situe plutôt dans le temps des opérations inextricablement machiniques et intellectuelles qui à la fois ordonnent le *legibile* donné-à-venir et rendent possible sa lecture, une certaine forme de déchiffrement technologique, une certaine forme d'interprétation sélective, une certaine forme de compréhension qui, ultimement, porte la charge de ce qui s'appelle aussi, par tradition, « lecture », et qui parachève le processus du lire numérique. Les briques ne sont donc pas celles qu'on attend, du sens des mots et des propositions; habiter n'est pas d'emblée s'installer dans l'ambiance de signification propre, par exemple, à la littérature ou à la philosophie, au droit ou aux émotions de la correspondance privée; et penser, enfin, ce n'est pas réfléchir, méditer, écrire peut-être à son tour dans la sauvegarde d'une paisible clairière du sens. Les briques sont dans la machine, il faut habiter la machine, il faut penser avec et conformément à la machine. Lancer une application, exploiter ses fonctions – qui sont ce qu'elles sont et, toutes riches qu'elles soient, ne sont que ce qu'elles sont – appréhender un objet de sens sous couvert de telles contraintes et le traiter enfin pour l'interpréter et le comprendre, c'est tout l'écosystème sémantique dans lequel il faut se glisser pour que « lire », non pas ait un sens, mais commence par être possible.

Or l'ironie, c'est que nous savons tout cela : nous savons que les médiations technologiques faisant écran à la lecture numérique sont complexes et qu'elles nous tiennent à distance de nos *legibilia*. Nous le savons et, malgré la jeunesse de l'âge numérique, nous l'avons déjà profondément et, pour beaucoup peut-être, définitivement oublié. Ce que nous lisons, un texte par exemple, ce n'est pas simplement un texte, c'est un mille-feuille d'instructions. Ceux qui fréquentent l'univers des terminaux UNIX l'éprouvent ordinairement : pour « lire », il faut, par une série de commandes textuelles, lancer une application intégrée et « appeler » un texte sur son écran pour, éventuellement, y intervenir par d'autres commandes textuelles spécifiques à l'application en question – toutes opérations que nous effectuons *sans y penser* en manipulant les menus des interfaces graphiques de nos applications habituelles. Autrement dit, si nous avons beaucoup de mal à comprendre ce qu'est lire *au sens numérique*, c'est parce que les interfaces graphiques de nos machines nous ont rendu transparentes, c'est-à-dire invisibles, les fonctions et les opérations effectives requises pour toute saisie, manipulation et compréhension éventuelle des objets de sens que nous convoquons sur nos écrans. Ainsi, à de rares exceptions près, nous lisons dans nos machines sans savoir *ce qu'est* « lire dans la machine », c'est-à-dire, pour l'exprimer simplement : sans savoir lire ! On parle de « pages web », mais ce ne sont pas des *pages* ; on parle de courriels comme s'il s'agissait de courriers, mais ce ne sont pas des lettres ; on parle même d'images ou de sons, mais leur structure informatique ne diffère guère de celle des textes qu'ils accompagnent, qu'ils enveloppent ou qu'ils encombrent de leurs propres opportunités. L'apparence différenciée des *legibilia* est trompeuse et dissimule leur structuration essentiellement une en fonctions et opérations diverses. Nous manipulons machines et logiciels par empirie, sans comprendre ce qui s'y passe, sans même chercher à le comprendre, sans s'en inquiéter, par commodité, paresse, indifférence, ignorance et même : ignorantisme. Satisfaits de ce que « ça marche », de ce que nous sommes connectés et en position de communiquer les uns avec les autres et de livrer nos « papiers » en temps et en heure, nous déléguons notre puissance de compréhension à l'efficacité de nos instruments de travail et la maîtrise de « lire » à la régularité de la distribution du courant électrique.

Il faut donc penser le geste de la lecture numérique sous la double perspective de son opérationnalisation, d'une part, et de la databasification, d'autre part, des objets de sens. Nul besoin d'être mécanicien, objectera-t-on, pour conduire une automobile : à chacun sa charge, à l'un de respecter le code de la route, qui n'a rien d'automobile, à l'autre de garantir le bon fonctionnement du moteur, qui n'a rien à voir avec la conduite. Objection assez pauvre, en réalité, car si la mécanique et la conduite automobile ne partagent rien, sinon de manipuler un même objet sous deux points de vue différents ; en revanche, l'usage irréductiblement intellectuel des machines informatiques partage, avec leurs concepteurs, d'être fondamentalement textuel et sémantique. Lire, sur écran, c'est manipuler; manipuler, c'est penser, mais penser avec des outils applicatifs, c'est-à-dire programmés et programmables. Lire, c'est donc penser avec des outils qui sont eux-mêmes de la pensée consolidée, non de l'encre ou du papier. Il existe une *homologie essentielle* à laquelle nous restons parfaitement aveugles, entre les objets de sens et leurs conditions de possibilité et de résilience, d'une part, leur saisie, leur usage, leur projection sur un horizon de lecture, de déchiffrement, d'interprétation et de pensée, d'autre part. Lisant, nous avons principalement affaire à des opérations informatiques le plus souvent, mais non pas toujours anodines. Précisément parce que les objets de sens parmi lesquels nous puisons nos *legibilia* ne sont pas toujours consolidés, mais très souvent *produits* à la volée par nos propres requêtes, alors qu'ils n'existent – si le mot convient – que sous la forme de données amoncelées dans des serveurs et des disques auxquels nous nous connectons fonctionnellement. Il faut imaginer, quand nous lisons sur nos écrans et, le plus souvent, en ligne, que nous sommes concepteur, imprimeur, libraire et enfin lecteur, et que nous assurons en un mouvement d'ensemble l'existence du « livre » dans son cheminement du cabinet de travail de l'auteur au cabinet de travail de son lecteur. Au schème, même contestable, du face-à-face entre le texte et son lecteur se substitue ainsi, irrépressiblement, celui de l'écoulement de la lecture et du lecteur dans les *flux* continus et « catastrophiques » où se visent et s'appréhendent les objets de sens numériques issus, principalement, des bases de données qui en abritent les éléments.

En lisant, nous interrogeons effectivement des bases de données, mais sans réaliser que, tandis que s'exécutent nos requêtes, nous laissons des traces qui accroissent les ressources disponibles sur les serveurs. Et de même ainsi que les *legibilia* numériques sont en excès des textes vers lesquels ils pointent, de même le phénomène « lire » est largement en excès du déchiffrage, de l'interprétation et de la pensée qu'il enveloppe, non seulement parce qu'il appelle des manipulations diverses, mais aussi et ultimement parce qu'il est, sinon écriture, du moins inscription : lire, au sens numérique, c'est *inscrire* et même, selon les requêtes qu'on lance, *s'inscrire*. Où l'on voit s'accomplir un certain déplacement de la problématique classique de la liberté de l'acte de lecture : elle ne concerne plus, désormais, une distance aux textes et à leurs interprétations, elle concerne avant tout – mais non pas seulement – l'articulation des pratiques de lecture au système algorithmique et réticulaire qui les conditionne. Dans le monde numérique, un « bon lecteur » n'est pas encore celui d'une pensée profonde ; c'est le lecteur qui mesure la profondeur de champ de ses objets de sens, qui sait y discriminer et appréhender la pertinence des *legibilia*, qui se fait une idée du réseau des connexions qui s'opèrent, le plus souvent à son insu, dans l'acte même le plus intime de *sa* lecture. C'est de quoi nous sommes presque toujours ignorants, de quoi nous revendiquons même assez communément l'ignorance, préférant nous laisser aspirer et égarer dans le labyrinthe des réseaux et des machines, matrice conquérante de nos échanges, de nos interactions et de notre imminent « méta-monde ». Figure contemporaine de la servitude volontaire ? Il serait pourtant si simple de conquérir notre liberté : en apprenant tout simplement à lire.

LIRE EST DIFFICILE

« La tradition écrite n'est pas un fragment de monde révolu[1]. » Car les écrits du passé n'appartiennent pas au seul passé et nous pouvons et pourrons toujours les faire nôtres, quelles que soient les difficultés jalonnant le chemin de leur intelligence. Même le développement des espaces numériques, si rigoureuses soient leurs contraintes, semble ne pas porter atteinte à l'empire conjoint de l'écriture et de la lecture. Les forces conjointes qui s'exercent sur la pratique des écrans n'agissent pas au point que nous ne reconnaissions plus du tout ce qu'est « lire ».

Pour autant, le postulat d'une pérexistence de l'écrit s'avère dans un monde où les formes scripturales ont commencé d'être à ce point transformées par leur propre contexte technique qu'elles ont provoqué une mutation, non seulement des *legibilia*, mais encore de l'acte même de lire. L'écrit demeure assurément, mais dans des formes si inattendues que, sous le nom de « lecture », le phénomène qu'il aura fallu décrire ne recouvre plus exactement l'expérience que nous en avons acquise au cours des siècles passés. Dans notre horizon de sens et de pensée s'installent, peu à peu, des pratiques intellectuelles

---

1. H.-G. Gadamer, *Vérité et méthode*, *op. cit.*, p. 412.

hybrides et imprévues formant pour nous, d'abord, pour les générations à venir, ensuite, de nouveaux processus intellectifs : de nouveaux textes, de nouveaux livres – une nouvelle lecture.

Faut-il s'en attrister, s'en indigner, se recroqueviller dans une posture antiquisante, se remémorer l'odeur d'encre des livres disparus, l'encaustique et la poussière d'une bibliothèque universitaire, et même le caractère acariâtre de tel de ses conservateurs ? Faisons plutôt le pari qu'il est bon de consentir au réel et de mesurer, progressivement, la considérable puissance intellective qu'expriment nos nouvelles pratiques de lecture. Les objets de sens que nous manipulons en pénétrant au cœur de leur genèse et de leurs conditions d'existence sont autant d'yeux de l'âme, pour ainsi dire, qui ouvrent notre regard sur l'ensemble de ce qui a été et continue d'être pensé, qui a été écrit et continue de l'être sous nos mains. Le risque n'est pas dans l'ignorance et dans la barbarie promises par les inquiets, c'est plutôt que surgissent derechef parmi nous les scribes d'autrefois et leur classe d'exception. Eux seuls maîtrisaient, par le passé, l'écriture des textes et leur lecture, eux seuls régnaient sur le signifiant et ses frontières. Faut-il aujourd'hui que les gardiens du temple numérique soient les seuls à maîtriser l'écriture précise et une lecture approfondie des *legibilia* ? Les machines et leurs dompteurs, ingénieurs, programmeurs, informaticiens doivent-ils devenir nos maîtres scripteurs, au risque de s'imposer, alors, comme nos maîtres lecteurs et, dès lors, nos maîtres penseurs ?

Mais l'histoire, sans doute, ne se répète pas. La liberté que nous avons acquise sur les mots et contre ceux qui prétendaient nous préserver d'en dérégler l'ordre immuable a sans doute été conquise une fois pour toutes.

« Dans le domaine de la lecture, écrit A. Manguel[1], le "dernier mot" n'existe pas. » Gageons donc que l'algorithme de la forclusion est contraire à l'ordre de la nature.

— Ainsi donc l'avenir de Pierre, Paul, Jacques et Jean reste ouvert ?

— Pierre ne cesse de lancer des filets, dont les mailles serrées et régulières rassemblent des ouvrages de toutes origines et de bien des langues. La sociologie jouxte la littérature, qui côtoie l'histoire ou la philosophie, l'actualité vulgaire comme les méditations des poètes. Son répertoire paraît infini, sa respiration ample. Paul s'ébroue toujours, impatient à chaque ligne, hésitant entre paresse et surmenage. Cherchant d'une pérenne incertitude à trouver son équilibre intime, il se laisse volontiers contraindre par la répétitive ascèse de l'ordinateur qui vient couramment pallier l'intempérance de ses idées et sa passion de l'inactivité. Jacques poursuit son interminable voyage au centre des livres. Il est difficile de beaucoup en savoir : il explore les abysses du signifiant et cultive des mystères dont certains territoires insolites de la littérature lui réservent pour l'heure le privilège de la jouissance.

— Et Jean ?

— Ah ! Jean, c'est une tout autre histoire. Son regard azuré, rieur et malicieux, scintille parmi les étoiles et plus rien ne l'empêche d'aller et de venir d'un bout à l'autre de l'univers.

— Il lit donc enfin à même le grand livre du monde ?

— Que ne demandez-vous à Nicolas ? Lui seul sait ces choses.

---

1. A. Manguel, *Une Histoire de la lecture*, *op. cit.*, p. 123.

TEXTES ET COMMENTAIRES

TEXTE I

MARCEL PROUST
« Note sur la lecture » [1]

[...] ce qui diffère essentiellement entre un livre et une personne ce n'est pas la plus ou moins grande sagesse qu'il y a dans l'une ou dans l'autre, mais la manière dont nous communiquons avec eux. Notre mode de communication avec les personnes implique une déperdition des forces actives de l'âme que concentrent et exaltent au contraire ce merveilleux miracle de la lecture qui est la communication au sein de la solitude. Quand on lit, on reçoit une autre pensée, et cependant on est seul, on est en plein travail de pensée, en pleine aspiration, en pleine activité personnelle : on reçoit les idées d'un autre, en esprit, c'est-à-dire en vérité, on peut donc s'unir à elles, on est cet autre et pourtant on ne fait que développer son moi avec plus de variété que si on pensait seul, on est poussé par autrui sur ses propres voies. Dans la conversation, même en laissant de côté les influences morales, sociales, etc., que crée la présence de l'interlocuteur, la communication a lieu par l'intermédiaire des sons, le choc spirituel est affaibli, l'inspiration, la pensée profonde, impossible. Bien

1 Marcel Proust, *in* John Ruskin, *Sésame et les Lys*, (trad.), Paris, Société du Mercure de France, 1906, p. 70-71, note 1 du traducteur.

plus la pensée, en devenant pensée parlée, se fausse, comme le prouve l'infériorité d'écrivain de ceux qui se complaisent et excellent trop dans la conversation. (Malgré les illustres exceptions que l'on peut citer, 25 malgré le témoignage d'un Emerson lui-même, qui lui attribue une véritable vertu inspiratrice, on peut dire qu'en général la conversation nous met sur le chemin des expressions brillantes ou de purs raisonnements, presque jamais d'une impression profonde.) Donc la gracieuse 30 raison donnée par Ruskin (l'impossibilité de choisir ses amis, la possibilité de choisir ses livres) n'est pas la vraie. Ce n'est qu'une raison contingente, la vraie raison est une différence essentielle entre les deux modes de communication. Encore une fois le champ où choisir ses 35 amis peut ne pas être restreint. Il est vrai que, dans ces cas-là, il est cependant restreint aux vivants. Mais si tous les morts étaient vivants ils ne pourraient causer avec nous que de la même manière que font les vivants. Et une conversation avec Platon serait encore une conversation, 40 c'est-à-dire un exercice infiniment plus superficiel que la lecture, la valeur des choses écoutées ou lues étant de moindre importance que l'état spirituel qu'elles peuvent créer en nous et qui ne peut être profond que dans la solitude ou dans cette solitude peuplée qu'est la lecture.

L'IMAGE DES LIEUX ET DES JOURS

D'abord publié en 1865, *Sésame et les Lys* comprenait initialement le texte de deux conférences prononcées par Ruskin à Manchester en décembre 1864, « Sésame : Des Trésors des Rois » et « Les Lys : Des Jardins des Reines ». Une édition ultérieure de l'ouvrage, en 1871, comprendra une troisième conférence, « Du Mystère de la vie et de ses arts », qui n'est pas reproduite dans l'édition française. En 1906, Proust n'a effectivement donné de traduction que des deux premières, préfacées par un : « Sur la lecture » dont il existe quelques éditions indépendantes. Si la préface de Proust a porté sur la lecture, les conférences de Ruskin, elles, concernaient plutôt la question de l'édification morale, par le détour des arts et des lettres, des « Rois » et des « Reines » – des hommes et des femmes. Le décalage entre *Sésame et les Lys* et l'interprétation de Proust est manifeste. Si celui-ci plaide : « je n'ai essayé, dans cette préface, que de réfléchir à mon tour sur le même sujet qu'avait traité Ruskin dans les *Trésors des Rois* : l'utilité de la Lecture »[1] ; Ruskin, lui, s'intéressait plutôt aux conditions générales, éthiques et intellectuelles, du progrès social. Repérer ce décalage suppose de lire Ruskin avant de lire Proust, en passant par-dessus la « Note sur la lecture », comme s'il fallait, fausser le jeu éditorial ordinaire et tricher avec l'ordre

1. J. Ruskin, *Sésame et les Lys* (*S&L*), Préface (Préf.), p. 7.

coutumier de la lecture. Ainsi vient l'aveu de Proust :
« en exposant mes idées, je me trouve involontairement
les opposer d'avance aux siennes »[1]. Que le livre traite
donc de ce qu'il veut, rien ne doit s'opposer à la liberté
d'y lire et d'en faire ce qu'on veut !

Mais comment ? La « Préface du traducteur »
débute, non par le corps du texte, mais par une note-
commentaire qui en dévoile subrepticement le véritable
enjeu. Audacieusement placée en amont de tout le texte,
la note permet d'affirmer à la fois qu'il s'agira, dans
le développement, de « l'*utilité* de la lecture », sujet
principal des conférences de Ruskin, et d'une « critique
indirecte de sa doctrine »[2] et, en vérité, plus que d'une,
réfutation formelle, d'une pure et simple substitution
de « Sur la lecture » aux thèses de Manchester. Proust
préface l'œuvre d'un auteur dont il gomme le propos
et il phagocyte la pensée de Ruskin en s'instituant
comme le seul authentique théoricien de l'acte de lire :
si Ruskin a prononcé les conférences de Manchester,
Proust, son tour venu, les *fait*[3]. Les lisant, il en donne
une représentation délibérément anamorphique, laissant
se déployer quelque chose du texte de référence qui n'en
est sans doute pas absent, mais qui, d'étai pour une thèse
morale assez convenue, devient source de rayonnement
pour une certaine phénoménologie du lire. Car il n'est
plus question d'effets moraux, avec Proust, mais de
« l'acte psychologique original appelé *Lecture* » et du
phénomène de compréhension qu'il enveloppe[4]. Certes,

1. J. Ruskin, *Sésame et les Lys* (*S&L*), Préface (Préf.), p. 7.
2. *Ibid*.
3. Voir S. Fish, *Quand lire c'est faire*, *op. cit.*, p. 62, et *supra*,
p. 35 *sq*.
4. Préf., p. 26.

Ruskin écrit : « je veux vous entretenir des trésors cachés dans les livres ; de la manière dont nous les découvrons et dont nous les laissons échapper[1] ». Mais il est loin de s'atteler exclusivement à cette tâche, la subordonnant à l'examen de cette nécessité supposée, qu'il faut « une position dans la vie » et une éducation qui lui convienne et qui l'assure, à quoi aide évidemment la lecture, qui édifie. Une respiration hugolienne du texte confirme cette position, Ruskin postulant « l'extension croissante que prend [...] l'irrigation par la littérature, des couches les plus basses [de la société] »[2]. Même quand les conférences de décembre 1864 interrogent la lecture, il n'en est pas tant question que de la variété de ses effets : ce ne sont pas les livres et la lecture qui sont mis à l'examen, c'est l'horizon de moralité sur lequel ils se projettent et qu'ils contribuent à étoffer. Chez Ruskin, la lecture est un prétexte pour traiter de l'éducation ; chez Proust, les conférences de Ruskin sont un prétexte pour, selon une logique qui lui est propre, se détourner de la question de l'utilité de la lecture dans le but d'atteindre celle de son « essence originale »[3].

Préfacer les conférences de Ruskin revient donc chez Proust à bifurquer pour mettre en pleine lumière ce qui se trame secrètement dans le « mystère » de la lecture[4] – du moins quand il s'agit d'une lecture lettrée et non de circonstance. Ce mystère touche au travail de la pensée, à quoi s'emploiera l'ensemble de la préface : faire état de la fécondité de la lecture, non plus de son efficace sociale, mettre au jour ses vertus intrinsèques, qui

1. *S&L*, « Des Trésors des Rois » (TR), p. 63.
2. TR, p. 64.
3. Préf., p. 29.
4. Préf., p. 17.

ressortissent à une certaine libre interprétation des textes écrits et à une maturation de la pensée, et même au-delà à sa propre réalisation comme écriture originale. La lecture est bien exercice, mais elle est surtout détournement et affranchissement. Au-delà de la force d'attraction des textes, la lecture se révèle une pénétration invasive de notre être tout entier, dira en substance Proust, où il n'est pas simplement question de prendre connaissance de ce que disent les livres, comme s'il ne s'agissait que de retrouver la mémoire figée sur le papier de l'esprit d'invention d'un auteur, puis de déplacer celle-ci de l'imprimé à l'intelligence purement réceptive du lecteur et à sa propre mémoire inerte. Proust montre ou, mieux, met en scène le fait que lire ne se résume pas à une reproduction consciencieuse du dit du texte, mais rend possible une véritable captation de sens dont les effets pourront s'étendre jusqu'à sa transmutation, jusqu'à la formation et l'émergence d'un penseur et d'un auteur. S'il s'agit de suivre telle ou telle partition textuelle, c'est en s'affranchissant de trop puissantes contraintes mélodiques et pour orchestrer les thèmes qui y sont peut-être en gestation, mais qui requièrent aussi une manière d'épiphanie intellectuelle. À charge pour le lecteur-Proust d'y parvenir en forme de Proust-auteur.

Ruskin : « une compagnie vaste comme le monde »[1]

Le traitement par Proust de la question de fond, celle de la vraie nature de la lecture, vient relativement tardivement, dans sa préface aux conférences de Ruskin, et elle est formulée ainsi : « Pour nous qui ne voulons ici que discuter en elle-même […] la thèse de Ruskin, nous

1. TR, p. 82.

pouvons la résumer assez exactement par ces mots de Descartes, que "la lecture de tous les bons livres est comme une conversation avec les plus honnêtes gens des siècles passés qui en ont été les auteurs" »[1]. Et de poursuivre : « la lecture est exactement une conversation avec des hommes beaucoup plus sages et plus intéressants que ceux que nous pouvons avoir l'occasion de connaître »[2]. Par quoi il feint de suivre Ruskin dans une conception traditionnelle de la lecture[3], lui faisant même écho par l'intérêt qu'il dit porter aux livres, aux auteurs, aux emprunts que les uns font aux autres et à la façon dont ils se nourrissent de leurs prédécesseurs[4], au « respect fétichiste des livres »[5], enfin à la critique même et à ses diverses inflexions[6]. Seulement Proust ne se contentera pas d'identifier, de décrire et de mettre en exergue le modèle de lecture que Ruskin a enchâssé dans ses essais moraux, il entreprendra de le déconstruire, exposant sa limitation et, peut-être, sa relative inconsistance.

Qu'il porte sur l'éducation, sur l'édification morale ou plus étroitement sur la lecture, le propos de Ruskin se développe sur la toile de fond d'une certaine anthropologie sociale. Dans « la Vie »[7], écrit-il en substance,

1. Préf., p. 27 – voir *Discours de la méthode*, I et comparer avec *Lettre à Élisabeth du 21 juillet 1645*.
2. Préf., p. 23-24.
3. À la fin du XVe siècle, l'imprimeur vénitien Aldo Manuzio (Manuce), le plus célèbre de son temps – après Gutenberg – est réputé avoir cherché à imprimer et à diffuser les écrits des anciens Grecs et Romains « afin de donner aux lecteurs la possibilité de "converser librement avec les morts glorieux" » (A. Manguel, *Une Histoire de la lecture*, *op. cit.*, p. 188).
4. Préf., p. 44-45.
5. Préf., p. 42.
6. Préf., p. 51, note 2.
7. TR, p. 82 – expression récurrente.

nous cherchons avant toutes choses à *faire société*, non
pas proprement à nous associer en un pacte social, mais
à jouir de la société existante et à en tirer le meilleur
profit. Cela ne passe pas seulement par des interactions
d'ordre pratique, mais aussi et de manière essentielle
par des interactions de nature langagière. « De manière
essentielle » parce que là se jouerait le principal de
« la Vie », c'est-à-dire de notre édification morale et de
l'essor de notre intelligence. Sans doute les opportunités
intellectuelles sont-elles relatives aux opportunités
sociales et celles-ci plus ou moins définitivement fixées
par la naissance, le rang, la fortune, par l'ensemble des
contraintes dont il n'est nullement nécessaire de faire
œuvre de perspicacité pour observer que nous y sommes
durablement englués. Dans les conditions données de
« la Vie », nos rencontres sont, d'abord, des rencontres
sociales et, ensuite, des rencontres intellectuelles. Et nos
rencontres intellectuelles sont, d'abord, des rencontres
conversationnelles – quelque extension qu'on donne
alors à « conversation » – et, ensuite, des conversations livresques. Se socialiser, c'est, d'une façon ou
d'une autre, converser ; et bien entendu, la qualité des
conversations détermine de manière cardinale la dignité
des parcours existentiels qu'elles nourrissent. Mais aussi,
socialité et conversations ne sont que hasards et la durée
que nous pouvons consacrer à forger nos amitiés un effet
parfaitement contingent de « la Vie ».

Or « il y a une société qui nous est continuellement
ouverte, écrit Ruskin, de gens qui nous parleraient aussi
longtemps que nous le souhaiterions, […] si nombreuse
et si douce – […] les rayons de nos bibliothèques »[1].

1. TR, p. 72.

Le commerce des livres permet d'atténuer les effets délétères des contingences de « la Vie » car nous y trouverions l'occasion, infléchie par une volonté éclairée, d'un accroissement ordonné de nos capacités intellectuelles et morales; ou du moins du meilleur développement possible de nos talents; ou du moins d'une édification personnelle robuste et d'une expérience de la sagesse dont les auteurs illustres nous donneraient quelque image avantageuse. Les livres viendraient briser le carcan relativement serré de « la Vie » et repousser les limites auxquelles se heurtent personnes et intelligences. Ils donneraient accès à des espaces discursifs élargis dont, encore une fois, il faut estimer le profit intellectuel et social : ils accroîtraient la culture et, avec elle, la puissance d'agir de celles et de ceux qui bénéficient de leur compagnie. Bref, les livres seraient comme les briques de notre édification personnelle, morale et sociale, et leur usage traduirait l'architecture générale de notre existence, tout autant que le degré d'élévation que nous atteignons dans l'édifice social[1].

Si l'on adhère intuitivement à l'idée d'une efficace sociale de la lecture, la question n'est pas moins de comprendre le sens de la métaphore *conversationnaliste* qui en structure et en justifie la pratique sous-jacente. « Vous allez à l'auteur pour atteindre *sa* pensée, non pour trouver la vôtre », écrit Ruskin[2]. « Y *aller* », c'est donc chercher à prendre connaissance des positions de l'auteur dont on lit les écrits et se donner les moyens

---

1. Répondre à la question de savoir « pourquoi il faut lire », c'est, pour Ruskin, montrer que la lecture donne « un pouvoir sur les mal-élevés et sur les illettrés [qui] est, dans sa mesure, au véritable sens du mot, *royal* » (« Des Jardins des Reines », p. 170).

2. TR, p. 84.

d'en évaluer « la sagesse ». Ce qui n'est pas seulement déchiffrer, mais aussi apprécier et comprendre, évaluer, tirer leçon de, assimiler. Le problème de la lecture, c'est celui des noces de l'intelligence, puisqu'il faut aller chercher dans les mots une matière destinée à sa propre nourriture spirituelle. Mais dans le contexte socio-anthropologique où se situe *Sésame et les Lys*, il faut prendre en compte le fait que des classes de lecteurs se distinguent les unes des autres et qu'il en résulte sans obstacle majeur que le degré de « sagesse » envisageable dans un ouvrage ou dans un autre de rangs distincts n'est pas plus homogène que celui des sociétés de lecteurs qui s'y intéressent. Ou au rebours : ce qui est sagesse pour l'un peut être évidence ou platitude pour l'autre, tous les lecteurs n'ayant ni même rang, ni même statut, ni même puissance intellective. Le détail de nos lectures exprime notre positionnement social et intellectuel et leur enrichissement ouvre potentiellement à une mobilité des hommes et des intelligences.

Il y a ainsi des livres pour les uns et il y a des livres pour les autres. On ne parle pas de goûts ni de prédilections, mais simplement du lieu social et intellectuel où l'on se situe, à partir duquel il est possible de tirer profit de ses lectures. Ce qui n'est pas dénué d'intérêt : lire, c'est virtuellement progresser dans l'appréhension du sens des choses et, s'il est établi que nous lisons dans le périmètre d'une intelligence donnée, il n'est pas pour autant donné que ce périmètre soit fixe et définitivement déterminé. Bien au contraire, le postulat que réserve la position de Ruskin est celui d'une *édification* du lecteur qui, de degré en degré, peut investir l'espace total des bibliothèques et y puiser toutes les ressources nécessaires à une expansion indéfinie de ses capacités de compréhension. « Comme

ceci est étrange ! Je n'avais jamais songé à cela avant »,
s'exclame un lecteur imaginaire de Ruskin[1]. Or ce
lecteur, c'est *nous*, et converser, pour nous, pourvu que
nous fréquentions un peu les livres, c'est, au contact
des textes, nous éveiller aux résonances des discours
qu'ils portent comme une charge sémantique et qu'ils
transmettent comme un message exploitable. Dense
ou clairsemée, la foule qui lit est celle dont chacun
réalise qu'il se positionne dans un certain champ de
représentations, de vérité, de réalité. Nous le savons bien,
tous, que c'est dans les livres et que c'est dans les mots
et que c'est dans la lecture que toute forme de pensée
s'origine et s'élabore !

Les textes tissent donc des liens que la lecture vise
moins à démêler qu'à éprouver dans leur force. Ils
renferment d'emblée un sens et même, parfois, « des
trésors de Sagesse »[2]. La lecture repose sur un pacte
d'amitié qui signifie, non un lien d'affection, mais une
identité de vues reconnue et attestée : l'auteur projette
à travers le texte des représentations et des significations que le lecteur peut s'approprier en les faisant
intellectuellement siennes, augmentant ainsi sa propre
puissance intellective et morale des vues de l'auteur dont
il partage, dans le geste même de la lecture, l'expérience
de compréhension. Il est donc vrai qu'on reçoit le texte
tel qu'il est et à la mesure de sa propre capacité d'en
juger, car il est tout bonnement ouvert « au travail et au
mérite, mais à rien d'autre »[3]. Chez Ruskin, le lecteur ne
fait pas le texte, il l'accueille, et s'il « converse » avec
lui, c'est plutôt qu'il est à son « écoute » et qu'il fait sien

1. TR, p. 84.
2. TR, p. 157.
3. TR, p. 83.

un discours qu'il assimile par les yeux comme une parole qui le touche. Aussi doit-on imaginer une conversation à une seule voix, qui paraît émaner de l'écrit dont la lecture ne peut que répéter le mouvement spirituel en feuilletant, en se concentrant, en sautant des passages, en faisant retour sur et en relisant ou en ressassant. Aussi paradoxal que cela paraisse, c'est chez Ruskin le modèle d'une manière d'audition visuelle qui prévaut : on ne tend pas l'oreille, on tend l'œil, en exerçant le privilège ordinaire et strictement personnel de le promener de ligne en ligne et de page en page pour, à terme, « faire société » avec son auteur. « Vous devez prendre l'habitude de regarder aux mots avec intensité et en vous assurant de leur signification syllabe par syllabe, plus, lettre par lettre »[1], écrit Ruskin. C'est par cette « exactitude »[2] dans l'appropriation des textes, à la fois optique et intellectuelle, que se fait la différence du lettré et de l'illettré. « Conversation » n'est donc pas « dialogue », ce n'est pas le concept d'une translation ou d'une fluidité des échanges et des discours, c'est celui d'une optique exprimant l'exigence, en lisant, de faire le point sur le texte et d'accommoder son regard et son intelligence aux mots et à leur sens – aux pensées de l'auteur. Non sans une forme d'humiliation de soi : « attentif à chaque nuance et expression, et [vous] mettant toujours à la place de l'auteur […] vous arriverez graduellement à attacher moins de valeur dans d'autres occasions à votre "je pensais ainsi". Vous commencerez à vous apercevoir que ce que vous pensiez était chose de peu d'importance »[3].

1. TR, p. 87.
2. TR, p. 88.
3. TR, p. 110.

Si, entée sur une anthropologie sociale, la lecture consiste pour Ruskin à investir de son énergie propre une pensée étrangère, c'est aussi à la mesure d'un positionnement mondain qu'elle déploie ses vertus. Il faut raisonner sur les livres comme on raisonnerait sur les lieux sociaux et, pour référer à une autre métaphore de Ruskin, comme on apprécierait une « cour » et, bien entendu, d'en faire partie. Comme un espace social détermine une exploitation différenciée des opportunités qu'il offre, la composition d'une bibliothèque détermine par analogie un bénéfice hétérogène de la lecture et, par conséquent, une variété de voies pour une construction intellectuelle de soi. Ni tous les hommes, ni tous les livres ne se valent. Le symptôme en est, chez Ruskin, dans la distinction formelle entre le « livre-causerie » ou « livre du moment », qui est « imprimé parce que l'auteur ne peut pas parler à un millier de personnes à la fois » ; et « les livres pour tous les temps », les « vrais livres », « écrit[s] non pour multiplier simplement la voix, non pour la transporter, simplement, mais pour la perpétuer »[1]. S'il faut un livre pour chaque temps et pour chaque usage, il faut aussi des livres pour tous les hommes et pour toutes les intelligences. Tous sont plastiques et tous sont en gestation ; tous n'ont pas la même puissance de rayonnement, ni la même puissance d'agir ou d'intelliger. Parmi les livres, les uns sont de circonstance et destinés aux utilités, voire aux délices évanescents du présent ; les autres sont proprement destinés à l'édification morale de ceux qui trouvent à s'y attacher et à entretenir une certaine amitié de volonté avec les penseurs les plus éclairés. Car alors, écrit

1. TR, p. 73-75.

Ruskin, on « écoute toute la journée, non la conversation accidentelle, mais les discours réfléchis, voulus, choisis, des plus sages parmi les hommes »[1]. La frontière ne s'établit pas entre des livres qui ne mériteraient pas d'être lus et ceux auxquels nous aurions le devoir de nous lier, mais entre ceux qui procurent des plaisirs ou comblent une nécessité, ces livres qui sont « simplement des lettres ou des journaux mieux imprimés »[2], et dont il y a d'ailleurs un bon usage généralement récréatif; et le livre « dans le vrai sens du mot » qui donne occasion de lire « dans le vrai sens du mot »[3].

Qu'est-ce donc que lire « dans le vrai sens du mot »? Qu'est-ce qu'un livre, « dans le vrai sens du mot »? Pour Ruskin, « un livre est une chose non parlée, mais écrite, et écrite dans un but non de simple communication, mais de permanence »[4]. Où l'on comprend, derechef, que « conversation » n'a rien à voir avec « entretien » ou « dialogue ». « Ceci est un "livre" »[5] désigne ce qui satisfait à une exigence de permanence, conservant des sédiments de pensée dans une mémoire physique et rendant ainsi possibles d'infinis retours sur cette mémoire. Chaque lecteur trouvera, comme pour la première fois, la sagesse qui sommeillait entre les mots pour devenir sagesse de *sa* vie, sagesse d'ailleurs et d'autrefois réitérée par lui en première personne. Le vrai lecteur s'en laisse conter et incorpore; il n'est pas disputeur, mais récipiendaire d'une réputation définitive :

1. TR, p. 73.
2. TR, p. 74.
3. TR, p. 75.
4. *Ibid.*
5. TR, p. 77.

la conversation des « grands penseurs »[1] n'est rien autre chose que le soutènement de « la Vie ».

PROUST : « CETTE SOLITUDE PEUPLÉE »

S'écartant subtilement de la logique des conférences de Ruskin, la conception proustienne de la lecture n'en constitue pour autant pas une réfutation formelle. Elle opère plutôt comme un *désarrimage* théorique, certains contacts initiaux avec *Sésame et les Lys* se distendant d'abord, se relâchant ensuite, pour disparaître enfin tout à fait au bénéfice d'un cheminement de pensée devenu pleinement autonome. Au modèle conversationnel de la lecture que développe Ruskin, Proust va en effet substituer un modèle *solitudinaire* marquant une frontière nette entre un usage de la lecture et l'épreuve constante et vivante qu'elle constitue parmi les mots, les livres formant le milieu d'un véritable univers d'intimité intellectuelle.

Parler de « communication » avec les livres (l. 4), c'est, de fait, basculer de la conversation à l'*amitié*. Chez Proust, elle prendra une allure singulièrement asociale, étant considérée dans « sa pureté première » : « la lecture est une amitié », écrit-il, mais « débarrassée de tout ce qui fait la laideur des autres », « déférence, gratitude, dévouement » : « avec les livres, pas d'amabilité »[2] ! Les amitiés bibliophiles font l'économie des amis qu'elles rassemblent. Ce concept très particulier de l'amitié va jouer dans la réflexion de Proust un rôle opératoire capital : tandis qu'il est importé des conférences de Ruskin, qui le met au centre de sa conception anthropologique et sociale de la lecture –

1. TR, p. 78.
2. Préf., p. 46 et 47.

nous entretenons des amitiés avec les livres comme
nous entretenons des amitiés sociales, sélectivement et
différentiellement – il sert, chez Proust, de ressort vers
une conception de la lecture comme expérience purement
intime, authentiquement personnelle. Serait-elle d'amis
et de proches, une communauté provoque en effet
toujours, selon lui, une dispersion de l'intelligence qui
en interdit la fixation spirituelle. Mais dans la liaison aux
textes et à leurs auteurs, lire part de soi pour aller à soi,
du désir et de l'intérêt pour une pensée aux méditations
et aux représentations qu'elle exsude : la lecture n'est pas
une communication avec des autres, voire avec des pairs,
c'est une « communication au sein de la solitude » (l. 8).

Aussi l'amitié pour les livres ne doit-elle pas se penser
comme *relation*, ni même comme relation *privilégiée* à
certains d'entre eux. Elle en est une expérience indis-
tanciée et une manière d'être au monde, non de se
rapporter à lui. En forçant le trait, il faudrait dire que,
dans la lecture, les frontières du moi et du non-moi se
dissolvent au bénéfice des mots et de leurs significations,
c'est-à-dire au bénéfice des pensées qu'ils trahissent et
dont le lecteur fait son propre élément vital. On sait à
cet égard le récit que fit Augustin de la manière de lire
de Saint Ambroise : « Quand il lisait, écrit-il, ses yeux
parcouraient les pages et son intelligence en scrutait le
sens, mais sa voix et sa langue se reposaient »[1]. Hors les
usages du temps, Ambroise se mettait en solitude avec le
texte et le méditait. Or le même prêchait aussi que « la
lettre tue et [que] l'esprit vivifie »[2]. De quoi il faut faire

1. Saint Augustin, *Les Confessions*, livre VI, chap. 3, trad.
Trabucco, Paris, G.-F. Flammarion (1964), p. 109.
2. *Ibid.*, chap. 4, p. 111.

la synthèse. Le livre n'est pas inerte, il ne porte pas les sédiments d'une pensée enkystée dans une mémoire écrite d'hier ou d'aujourd'hui. Au rebours de l'adage latin bien connu, Ambroise postule que l'esprit silencieux insuffle à l'écrit une vitalité qui le transcende et le sublime. *Scripta volant*, pourrait-il proclamer : l'écrit n'est pas l'écrit qu'il est, il n'est pas *seulement* l'écrit qu'il est ; il est plutôt l'écrit qu'engendre l'inspiration du lecteur qui, par une lecture intime et solitaire, passe outre les limites du texte pour investir le champ de sa textualité ; qui exploite les fécondes ressources de l'écrit pour tirer bénéfice de la pensée à l'œuvre dans la poche intérieure des mots.

Le désarrimage de la pensée de Proust par rapport à celle de Ruskin s'opère donc à partir d'une conception différenciée de la communication. Chez celui-ci, la conversation est une première figure de la communication qui tient ensemble le lecteur et l'auteur, la pensée de l'un allant à la rencontre de celle de l'autre, cristallisée dans les mots, attestée dans les livres ; chez celui-là, la pensée elle-même se fait solitude et, au touché des mots, puise les ressources d'un libre exercice de la réflexion, voire de quelque chose qui prendra le nom de « pensée profonde » (l. 20). « Ce qui diffère essentiellement entre un livre et une personne, ce n'est pas la plus ou moins grande sagesse qu'il y a dans l'un ou dans l'autre, écrit Proust, mais la manière dont nous communiquons avec eux » (l. 1-4). D'une certaine manière, la question de « la plus ou moins grande sagesse » est très secondaire, pour lui, alors qu'elle était essentielle pour le socio-anthropologue Ruskin. Le schéma de la conversation ne fonctionne pas, aux yeux de Proust, parce qu'il consiste dans un simple mécanisme tel que, en l'absence naturelle et effective de l'auteur, son texte figurerait la fixation contingente d'une voix réitérable à l'infini, reproductible à l'identique et figée dans le temps de l'ouvrage imprimé. Où l'on manque l'expérience singulière, originale et actuellement présente qu'on fait de la lecture, où « ce n'est plus la même voix qu'il s'agit de perpétuer »[1]. En un argument lointainement plotinien, Proust refuse de rapporter le phénomène de la lecture au phénomène de l'interlocution : celle-ci s'épuise dans la disparate « des sons » et de l'altérité loquace, celle-là se love dans un « état spirituel » (l. 42) qu'elle anime et dont elle se fortifie. En son fond, l'irréductibilité de la lecture au modèle conversationnel tient à la fragilité de toute parole et à l'évanescence de sa contextualité. Car le contexte est le lieu, le temps, le ton, les inflexions, les vibrations de la voix et l'incertaine capacité de les appréhender dans le maintenant où il faut les appréhender. Le livre qu'on lit n'est pas fait de ces vibrations ; il est fait d'encre, il est fermement tenu entre les mains, ou bien il scintille durablement sur l'écran et reste potentiellement à portée de souris. Or lire n'est pas écouter, n'est pas suspendre son attention et tourner la tête vers son interlocuteur : lire, c'est plonger dans un inconnu et affronter certaines profondeurs de la pensée.

À observer ainsi la distinction qu'établit Proust entre les deux manières cardinales de communiquer, elle paraît à première vue assez simple : « dans la conversation, même en laissant de côté les influences morales, sociales, etc. que crée la présence de l'interlocuteur, la communication a lieu par l'intermédiaire des sons, le choc spirituel est affaibli [...]. Bien plus, la pensée, en devenant pensée parlée, se fausse » (l. 16-21). Si vive

---

1. TR, p. 75, note 2 du traducteur.

et si heureuse soit-elle, et même si l'on fait abstraction
de sa dimension aliénante, la conversation désordonne
et disperse. Le jeu social impose de faire droit, non à la
pensée elle-même, mais à ses représentations sociales
et au jeu des ajustements qui vont des mots aux gestes
et de ceux-ci aux postures dans lesquelles chacun vient
à s'exhiber. Ce sont toujours des inclinations sociales
ou morales qui nous portent à la conversation, où l'on
n'est jamais pleinement soi-même, où l'on ne pense
jamais en personne. La conversation est diffraction, alors
que la lecture appelle la concentration; la conversation
est dispersion, quand la lecture appelle la rétention.
Tout entière, elle fait le jeu du pour autrui, quand il
faudrait faire le jeu de l'en soi : « la conversation nous
met sur le chemin des expressions brillantes ou de
purs raisonnements, *presque jamais* d'une impression
profonde » (l. 27-29). Converser, c'est énoncer, faire
valoir, entrer en compétition. En quoi nous sommes,
non seulement *parmi*, mais bien *dans* les autres, nous
ne sommes pas nous-même, ni *en* nous-même, nous
ne sommes que leurs regards portés, leurs projections
affectives ou sociales, leurs évaluations justes ou
insensées : aliénés et heureux de et dans notre aliénation.

« Presque jamais », cependant. Cela ne veut pas dire
que la mondanité de la conversation provoque parfois,
serait-ce rarement, certaines fulgurances de la pensée,
mais plutôt que nos deux manières de communiquer,
soit avec les autres, soit dans la solitude de la lecture,
ne s'opposent pas « abstraitement », comme on dit
parfois, mais se détachent plutôt l'une de l'autre, comme
le navire, lentement, quitte le quai en glissant vers la
sortie du port. C'est le sens du détour que s'accorde

Proust par l'autorité Emerson[1], qui reconnaîtrait une
« vertu inspiratrice » à la conversation (l. 26). En réalité,
Emerson développe lui-même une conception duelle de
la conversation. Au premier chef, c'est « le laboratoire
et l'atelier de l'étudiant », un « mécanisme » qu'on a
raison de « priser » car il est un levier de la connaissance
et une manière d'en satisfaire les exigences. A-t-on
également parfois le sentiment de « perdre ses facultés
intellectuelles », par inertie, par lassitude, par fatigue ?
De nouveaux interlocuteurs mettront l'esprit en branle :
« pensées, fantaisies et traits d'esprit affluent, le nuage se
dissipe, l'horizon s'élargit. » « Souvent [toutefois], c'est
pour ne rien dire et pourtant, il nous faut aller les rejoindre,
comme un enfant se languit de ses camarades »[2]. Alors
la conversation nous dissipe, ou plutôt elle se complaît
aux demandes de la civilité en lieu et place de répondre à
une exigence intellectuelle : à défaut de penser ensemble,
nous nous contentons d'être avec.

Mais ce n'est là qu'un premier aspect des choses.
Effectivement, « quand nous cherchons les avantages
supérieurs de la conversation, écrit aussi Emerson, la règle
spartiate du tête-à-tête s'en trouve d'ordinaire renforcée.
Quand il prend son essor et plonge au plus profond,
quand il nous hisse à cette atmosphère intellectuelle d'où
surgissent les pensées qui restent comme des étoiles dans
le firmament, un entretien n'a jamais lieu qu'entre deux
personnes »[3]. Le tête-à-tête est pour ainsi dire la formule
physique de la lecture, car on n'y est plus dispersé dans

1. Ralph Waldo Emerson (1803-1882), essayiste américain parfois
désigné comme « le Montaigne américain ».
2. R. W. Emerson, *Société et solitude*, « Clubs », Paris, Payot &
Rivages (2010), p. 209-211.
3. « Clubs », p. 231.

ce qu'on appelle « les échanges », quoiqu'on ne soit pas encore tout à fait plongé dans les profondeurs de la pensée solitaire ; et la formule spirituelle de la conversation, car on ne cherche plus à tenir et à confronter des positions, mais on cherche à partager des représentations, à entendre de mêmes choses et à s'entendre, comme en écho l'un de l'autre, sur ces mêmes choses – à quoi « il faut une grande capacité d'accueil et de don »[1]. Point de décrochage d'un mode à l'autre de la communication, l'entretien est donc le moment où, à deux, on s'approche de l'instant de ne faire plus qu'un et où, par effet, on quitte le mode aliéné de la conversation pour adopter celui, libéré, de la pure et féconde intellection, de la méditation, de la pensée.

Son détour par Emerson fait ainsi apparaître que le thème de la conversation est aussi essentiel à Proust qu'il l'était à Ruskin, tous deux le mettant au cœur de leur conception de la lecture, l'un positivement pour faire graviter l'intelligence autour de sa force attractive, l'autre négativement pour en dénoncer une logique de diffraction incompatible avec l'expérience intime et authentique de la lecture. Par effet de rebond, on comprend de quelle manière il peut être question de l'amitié chez l'un comme chez l'autre. Qu'il s'agisse d'êtres ou de livres, elle signifie chez Ruskin une relation privilégiée à une altérité et donc une séparation entre soi-même et ses objets – séparation, parce que le choix des uns s'accompagne de l'exclusion des autres. On ne peut penser l'amitié sociale sans penser les disparités qu'elle entretient et une manière ou une autre de classification qu'elle perpétue ; on ne peut penser la tenue d'un livre comme privilégiée sans exclure, par là-même, tous les autres livres. D'où

1. « Clubs », p. 214.

la nette différence entre les livres importants et les autres, la même qu'entre les amis, les indifférents, voire les ennemis, d'où par conséquent, aussi, une relative liberté de choix dans « la Vie ». Mais dans le miroir anamorphique de Proust, cette « gracieuse raison donnée par Ruskin […] n'est pas la vraie » (l. 29-32), non parce qu'on ne choisit pas ses livres comme on choisit ses amis, mais parce que la figure sociale d'une amitié pour les livres n'est pas la figure ultime de la lecture, tout au plus une forme empirique et primitive du parcours des bibliothèques ; et parce que l'amitié *pure* qui nous attache aux livres modifie radicalement le régime de leur appropriation et de leur assimilation, le régime même de la lecture.

Emerson peut aider, là aussi, à comprendre Proust. Par un bout, il se tient en effet à Ruskin : « assurez-vous de ne pas lire de livre médiocre », écrit-il dans « Livres »[1], comme s'il s'agissait, encore une fois, d'édification morale et de constitution d'une personnalité sociale. Et c'est sans doute le cas, du moins partiellement et temporairement. Mais ce sera pour ajouter, quelques pages plus loin : il y a des livres qui « sont pour l'intimité et doivent être lus à genoux. Leurs messages ne doivent pas être délivrés ou pris du bout des lèvres ou du bout de la langue, mais avec les joues en feu et le cœur palpitant. L'amitié devrait les donner et les prendre, la solitude et le temps les nourrir et les porter à maturation, les héros les assimiler et les transformer en actes »[2]. Par où Emerson tient, ici, à Proust : l'amitié pour les livres, l'amitié des livres, ce n'est qu'un premier ressort pour un travail de la lecture dont le livre n'est, à proprement parler, ni le

1. R. W. Emerson, *Société et solitude*, *op. cit.*, p. 178.
2. *Ibid.*, p. 203.

dépositaire, ni l'espace clos, mais l'occasion de quelque chose qui porte le nom de « pensée profonde », d'« état spirituel » ou de « moi » (l. 20, 42 et 14). Mais surtout, il y a de l'héroïsme dans la lecture vraie et une authentique puissance d'agir – agir, pour le lecteur : écrire !

On ne converse pas, à la lettre, avec un livre, parce qu'un livre ne parle pas et que nous-mêmes, nous ne lui parlons pas. Ou si nous faisons l'hypothèse que nous conversons, comme on ferait l'hypothèse fantastique d'une « conversation avec Platon », nous ne lirions pas, nous converserions, « exercice infiniment plus superficiel que la lecture » (l. 39-41), et nous n'aurions pas de la lecture une pratique proprement lectorale. Lire, c'est bien plutôt faire une expérience intellectuelle des mots en les laissant pénétrer l'esprit et y accomplir leur œuvre, si l'on veut dire par métaphore. La question n'est peut-être pas encore de savoir ce que nous font les mots, c'est seulement de constater qu'ils nous font quelque chose et que c'est même pour cette seule raison que nous lisons – pour, dans une solitude extrême, s'augmenter des mots, des phrases, des livres dans le creuset desquels nous nous coulons nous-même dans une figure nouvelle et originale de *notre* vie.

LE MONDE DU SILENCE

Avec Proust, l'amitié pure est amitié de solitude, non amitié de choix, on y *est*, on n'y est pas *avec*. Mais « solitude » reste difficile à saisir, même en prenant le parti de distinguer entre cette forme empirique et cette forme métaphysique modélisées par Descartes – la première, celle de la *Lettre à Jean-Louis Guez de Balzac du 5 mai 1631*, la seconde, celle du doute hyperbolique et du « je pense, je suis » qui en émane. Mais « cette

solitude peuplée qu'est la lecture » (l. 44) risque bien de
s'en distinguer car, en tant que solitude active, la lecture
crée plutôt un lien entre le monde des livres, dans lequel
la pensée puise ses ressources et se fortifie, et le monde
de la vie, non des autres et de leur fréquentation erratique,
mais d'une vie solitaire étendue à son environnement, à
ses espaces ajointés, à ses couleurs mêlées, à l'ensemble
des sensations qu'elle procure et à la déflagration de
représentations qu'elle provoque. Solitude active, la
lecture formerait ou révélerait même comme un *trou de
ver sémantique* faisant le lien entre deux mondes, celui
des livres et celui de la vie, permettant au lecteur de
circuler librement de l'un à l'autre, non en substituant, sur
le mode de l'évasion, celui des textes à celui des affaires,
mais en composant ce tout, dans la lecture même, qu'est
une expérience de sens – lire – se rehaussant en une
expérience de la création du sens – écrire : expérience
possible d'un continuum du lecteur à l'écrivain.

Dans la « Préface du traducteur », la *question* de la
lecture et de son utilité tarde à se poser, alors même qu'en
réalité, il n'est nullement question, dans la vingtaine de
pages qui lancent la réflexion de Proust, d'autre chose
que de cela-même : de la lecture et de sa réalité effective.
Ainsi, non seulement Proust assigne à Ruskin un thème
qui n'est pas tout à fait le sien, mais il le déploie même
comme le récit d'une expérience vécue et décrite dans ses
détails les plus subtils et les plus improbables. Ni analyse,
ni discussion : une vingtaine de pages de la cinquantaine
qui composent la préface sont consacrées à décrire « les
charmantes lectures de l'enfance » et le « sortilège »
auquel il n'a, en personne, « pas échappé »[1]. Bien plus :

1. Préf., p. 25 et 26.

« voulant parler d'elles, écrit Proust, j'ai parlé de toute [*sic*] autre chose que des livres parce que ce n'est pas d'eux qu'elles m'ont parlé ». De quoi parlent-elles donc, ces « charmantes lectures » ? Du « merveilleux » (l. 7), celui, en l'occurrence, des « lectures faites au temps des vacances »[1]. D'où émerge, non une bibliographie, mais bien autre chose : des « assiettes peintes accrochées au mur », un « bruit de la pompe d'où l'eau allait découler », les prévenances de « la cuisinière », un appareil à café « compliqué comme un instrument de physique », le rose exact des fraises à la crème, obtenu « avec l'expérience d'un coloriste et la divination d'un gourmand », un « bifteck aux pommes, [...] sorte de "Sonate pathétique" de la cuisine », le « petit escalier aux marches rapprochées » qui monte à la chambre à coucher et à lire, les « hautes courtines blanches qui dérobaient aux regards le lit placé comme au fond d'un sanctuaire », toutes ces choses qui « peuplaient ma chambre de pensées en quelque sorte personnelles, avec cet air de prédilection, d'avoir choisi de vivre là et de s'y plaire », la remplissant « d'un mystère où ma personne se trouvait à la fois perdue et charmée » – « puis la dernière page était lue, le livre était fini »[2].

Dans une parfaite indifférence à Ruskin, le prélude à la préface n'évoque pas les livres mais la lecture elle-même et son « essence *originale* »[3], ce qui a lieu dans le *geste* de lire. Lire n'est pas avoir accès à une information et ce n'est même pas avoir simplement accès à un texte, en appréhender et en comprendre *la* signification. Le livre est « situé à une distance d'âme »[4] et requiert avant

1. Préf., p. 9.
2. Préf., p. 9-23.
3. Préf., p. 29.
4. Préf., p. 23.

tout, non la mesure d'une évaluation savante, mais de *donner* « attention » ou « tendresse » aux « êtres » qui le peuplent – *Le Capitaine Fracasse*[1], selon Proust, mais pourquoi non les concepts des traités de théologie ou les formes qui égrènent ceux de mécanique générale ? Le « plein travail de la pensée » (l. 10) commence enfin à s'éclairer, il traduit cette expansion du « moi » suscitée par la lecture et cette « variété » de vues, plus ample « que si on pensait seul » (l. 15).

Une courbure des mots et du sens lie deux mondes, celui dans lequel on lit et celui dans lequel plonge la lecture. Au-delà même d'une simple *épochè*, qui verrait les conditions d'une solitude et d'une méditation réunies dans l'acte de lire, on voit se dessiner une expérience de liaison et les conditions d'un passage d'un monde à l'autre, l'un extérieur au lecteur qui l'abrite, l'autre intérieur au livre qui le sollicite. Il n'y a plus, d'un côté, la chambre à lire, et, de l'autre, *Le Capitaine Fracasse*, il y a leur courbure dans la lecture, « l'*initiatrice* dont les clefs magiques nous ouvrent au fond de nous-mêmes la porte des demeures où nous n'aurions pas su pénétrer »[2]. « Je ne me sens vivre et penser, écrit Proust, que dans une chambre où tout est la création et le langage de vies profondément différentes de la mienne, d'un goût opposé au mien, où je ne retrouve rien de ma pensée consciente, où mon imagination s'exalte en se sentant plongée au sein du non-moi ». L'acte de lecture, son « intervention », son « impulsion », son « incitation »[3], c'est la liaison même, la communication entre la chambre

1. Préf., p. 30.
2. Préf., p. 38.
3. Préf., p. 37.

transfigurée par l'imagination puis par l'écriture, d'une part, et le monde imaginaire d'un Théophile Gautier, par exemple, d'autre part. Non que l'un et l'autre fassent un, mais l'intime solitude, « cette solitude peuplée qu'est la lecture » (l. 44), crée la courbure à la fois spatiale et temporelle les repliant l'un sur l'autre, le lecteur devenant la synthèse vivante du moi et du non-moi, la pensée plurielle et assimilatrice du tout dans lequel aussi bien le monde de la vie que celui des imaginaires textuels se transcendent en sensations de lecture et, potentiellement, en puissance d'écriture. Si la lecture fait surgir un trou de ver sémantique reliant le monde des livres à celui de « la vie », si nous communiquons ainsi de l'un à l'autre et dans une solitude effectivement « peuplée », l'écriture et la création attestent seules l'effectivité du passage, seules elles cristallisent la réalité effective et réussie de cette « communication ».

« Pensée profonde » prend dès lors son vrai sens. Il ne faut pas l'interpréter comme une descente dans de quelconques soutènements herméneutiques, comme s'il y avait une surface insignifiante du monde et, en-dessous, la fosse abyssale des idées vraies ; ou la croûte fêlée du vécu renforcée par les robustes charnières du concept. La profondeur vient ici avec l'acte de « s'unir » par la lecture à ce qui n'est pas soi, par quoi l'« on est cet autre », non le personnage du Capitaine Fracasse, mais le lien actuel, pleinement éprouvé dans la lecture, de la chambre à lire transfigurée par l'imagination et de l'imaginaire du texte lu qui, lui-même, a déjà transfiguré un monde. « Profondeur » désigne l'expansion indéfinie du moi dans le non-moi et le retour, comme en boucle, de l'imagination renforcée par les mots. « Développer son moi avec plus de variété que si on pensait seul »

(l. 14-15), ce n'est pas simplement démultiplier ses perspectives propres par celles de l'auteur et du livre tenu là-devant, comme pour s'augmenter arithmétiquement de représentations dont on n'est évidemment pas la source première. Par de multiples liaisons à ce qui est là en même temps qu'à ce qui est lu, c'est sublimer la puissance de ses facultés représentatives et faire un avec ce qui n'est pas soi. Dans ce modèle proustien de la lecture, le texte ne vient pas au lecteur, qui ne va pas non plus au texte, comme si la lecture n'était que cet effort d'aller aux mots et de les déchiffrer pour les interpréter. Dans son achèvement heureux, la lecture est expansion de soi, rencontre du monde de la vie, non plus indifféremment objectif, mais nourri de représentations vivaces et « charmantes », et du monde du silence, celui des mots, dans lequel on s'est tout uniment coulé par cette singulière expérience suspensive qu'est, en ce temps et en ce lieu : *lire*. À charge pour chacun d'en porter le juste témoignage : de dire et d'écrire.

*

Description totale d'un phénomène qui coalesce dans un tout conscientiel la pratique de la lecture, la description de son environnement vital et le traitement herméneutique des textes lus, la phénoménologie proustienne de la lecture concrétise le lien entre la lecture, déchiffrage et appropriation d'un texte, et l'écriture, développement ultime et objectivé de la puissance d'interpréter et de transcender les ouvrages qu'on prend en main. Pour autant, elle ne résout pas toutes les difficultés.

Pour une part, ces difficultés concernent le seuil de libération de la pensée en prise à la lecture, c'est-à-dire le moment où l'on quitte ce monde objectif du travail distancié – l'étudiant et le maître qui examinent leurs textes – pour, *volens nolens*, se laisser aspirer par l'attraction de ce trou de ver sémantique que provoque la « vraie » lecture d'un « vrai » livre. Sur ce point, Ruskin est à la fois plus facile et plus commode à manier et à suivre, tout comme Emerson, du reste : il suffit dans leur esprit de choisir des livres qui ont déjà fait leur temps et leurs preuves, et d'apprendre à les connaître comme on tend à aimer ses amis. Or Proust a brisé cette muraille invisible séparant l'expérience ordinaire de la lecture de l'épreuve à la lettre extraordinaire, mystérieuse et charmante qui fait, non seulement lire, mais également écrire et *être* – être Proust, cependant, et nul autre. Expérience transcendante ou extatique de la lecture, peu importe la qualification : elle est possible parce qu'elle est réelle, et elle est réelle parce qu'elle est décrite avec toute la précision existentielle requise dans la « Préface du traducteur » à *Sésame et les Lys* – elle est possible parce qu'elle est Proust.

Mais non pas nous. Pour une autre part, donc, nos difficultés sont redoublées, qui concernent la manipulation qui *nous* incombe des textes. En mettant de côté la lecture mondaine, celle des plaisirs des jours et des conversations savantes ou sociales, on n'a guère les moyens, à partir de Proust, de fixer un protocole satisfaisant de la navigation parmi les écrits, ni de définir une méthode pour l'étudiant et pour son maître, qui travaillent honorablement et, très souvent, efficacement. Il ne s'agit pas de se demander ce qui reste à faire à qui renonce à être Proust, car on ne renonce pas à être Proust, on n'est pas Proust ! Mais l'absence de méthode, l'absence de rigueur, des représentations contraintes ou serviles eu égard à la lecture *en travail* nous font parfois renoncer à être des étudiants et, *a fortiori*, des maîtres. C'est dans l'absolu sans gravité, car d'autres sauront y faire. Mais que savent-ils faire et quelles sont leurs stratégies ?

TEXTE II

Spinoza
Traité théologico-politique [1]

Quand nous lisons un livre qui comporte des choses incroyables ou incompréhensibles, ou qui est écrit en termes obscurs, et que nous ne savons ni qui était son auteur ni en quel temps ni à quelle occasion il a été écrit, 5 en vain nous efforcerons-nous d'acquérir une plus grande certitude concernant son vrai sens. Car, si l'on ignore tout cela, on ne peut guère savoir quelle a été ou a pu être l'intention de l'auteur. Mais en revanche, si nous en sommes bien informés, nous déterminons nos pensées de 10 façon à éviter d'être prévenus par des préjugés – c'est-à-dire de façon à n'attribuer à l'auteur, ou à celui pour qui il a écrit, ni plus ni moins qu'il ne convient, et à ne penser à nulle autre chose qu'à ce que l'auteur avait à l'esprit ou que le temps et l'occasion réclamaient. C'est 15 évident pour tous, je pense. Il nous arrive en effet très souvent de porter un jugement très différent sur des histoires analogues, lues dans des livres différents, en raison de la diversité des opinions que nous avons de leurs auteurs. Je me rappelle avoir lu autrefois, dans un

1. Spinoza, *Traité théologico-politique*, VII [15], trad. C. Lagrée, P.-Fr. Moreau, « Épiméthée », Paris, P.U.F., 2012, p. 305-307. Toutes les références à venir au *TTP* seront données dans cette édition.

20 livre, qu'un homme appelé Roland furieux avait coutume   20
    de monter un monstre ailé dans les airs, de survoler
    toutes les contrées qu'il voulait, de massacrer à lui seul
    un nombre considérable d'hommes et de géants, et autres
    semblables fantaisies totalement incompréhensibles du
25 point de vue de l'entendement. J'ai aussi lu une histoire   25
    analogue sur Persée, dans Ovide, et une autre encore dans
    les livres des Juges et des Rois, sur Samson (qui, seul et
    sans armes, massacra des milliers d'hommes) et sur Elie
    qui volait dans les airs et gagna le ciel sur un char et
30 des chevaux de feu. Ce sont là, je le répète, des histoires   30
    parfaitement comparables, et cependant nous en jugeons
    fort différemment : le premier auteur, pensons-nous,
    ne voulut écrire que des rêveries, le second traite de
    questions politiques, et le troisième de choses sacrées ;
35 mais notre conviction n'a pour cause que l'opinion que   35
    nous avons des rédacteurs de ces histoires. Il est donc
    clair que la connaissance des auteurs qui ont écrit des
    choses obscures ou inintelligibles est nécessaire au plus
    haut point pour pouvoir interpréter leurs écrits.

LE MAÎTRE DE LECTURE

Il y a lecture et lecture. Entre jeux de langage qui cristallisent en textes, et jeux de lecture qui balancent d'une interprétation à une autre, « lire s'accommode fort bien de "n'importe quoi" »[1]. La variété infinie des textes induit une variété infinie de nos positions herméneutiques, les degrés d'interprétation épousant des figures sémantiques elles-mêmes extrêmement diverses. Tantôt le sens affleure, tantôt il paraît caché parce que le vocabulaire, la syntaxe ou le style de l'auteur impliquent de se frayer un passage entre les mots vers ce qu'il voulait dire. Mais, à partir du moment où, par le seul fait de lire, nous faisons l'hypothèse qu'une certaine forme de réalité transpire, qu'elle soit objective ou fictive, même si elle reste passablement insaisissable, la question d'une certaine visée de vérité sous-tend l'acte de lecture et lui donne une valeur qui excède la seule capacité de déchiffrer des lettres et des mots.

Seulement « visée de vérité » reste équivoque, sinon métaphorique : quelle vérité *À Rebours* vise-t-il ? Si « lire, c'est interpréter », s'agit-il réellement de faire apparaître la vérité du texte dans toute son extension possible ou ne s'agit-il pas plutôt, à travers une telle prétention, d'atteindre un but outre-textuel, pour ainsi dire, et de

1. Voir. *supra*, chapitre II, p. 30.

situer ou d'enraciner le texte dans une réalité qui n'est plus tout à fait la sienne, mais celle dans laquelle « il opère » ou « produit des effets » ? Parler de la vérité d'un texte est généralement pertinent, non seulement parce qu'il énoncerait des propositions vraies, mais aussi parce que, serait-il constitué exclusivement de représentations imaginaires, il n'en a pas moins un sens opératoire dans le champ de la littérature, à l'évidence, mais aussi dans ceux de la science – où les chats sont, depuis peu, à la fois morts et vivants – de la religion – ce qu'on verra avec Spinoza – ou de la philosophie – où les colombiers et les torpilles jouent un rôle déterminant. Même de pure imagination, un texte peut naturellement « donner à penser », comme on dit, et cela seul en légitime la lecture. Sa vérité est-elle cependant nécessairement son horizon de sens ou ne constitue-t-elle pas plutôt une médiation, dans un mouvement plus complexe vers un vouloir, un agir et les jeux de contraintes qui les accompagnent ?

Le destin de vérité d'un texte se projette souvent sur l'horizon de ses effets, c'est-à-dire sur un horizon d'effets de discours qui, en retour, attestent sa validité par sa puissance efficace : de sa pertinence, on passe à son opportunité et de celle-ci à son incidence sur un réel. Sans doute la presque totalité de nos textes sont-ils sans le moindre effet sur quoi que ce soit et deviennent-ils caducs et s'évanouissent-ils dans le présent de leurs fantomatiques lecteurs. Mais l'efficace des textes n'en est pas moins dans la charge pratique des lectures que nous en faisons, souvent de pure interprétation, mais parfois d'action et de réalisation. En ce sens, la question *stratégique* des effets de lecture n'est nullement réductible à cette temporalité binaire de l'évanescent ou du pérexistant, elle concerne plutôt les fonctions effectivement exercées par les textes et leur convertibilité pratique, que ce soit à l'échelle individuelle du lecteur de Marc Aurèle ou à l'échelle civilisationnelle des textes religieux.

C'est précisément par ses effets de désordre que le *Traité théologico-politique* aborde l'Écriture. Les hommes vivent dans la crainte et dans la superstition, montre Spinoza dans la Préface, qui sont entretenues par le « théâtre » des églises et de leurs « ministères »[1]. Il en résulte l'exigence de reprendre la lecture des textes sacrés en l'adossant à des principes méthodologiques et aux outils herméneutiques d'une mesure de leurs effets pratiques. Il y a des lectures qui agissent comme il y a des lectures qui éclairent. Mais une lecture manifeste souvent une tension entre, d'une part, le texte qui résiste et, d'autre part, la volonté qu'on a d'en extraire quelque chose, non pas seulement d'ordre épistémique, mais également d'ordre pratique. La question des effets de lecture se pose d'ailleurs autant dans le registre récréatif – lire un roman policier ou un roman d'horreur « pour se faire peur » – que dans le registre académique ou bien encore social et politique – publier une thèse pour obtenir un poste universitaire ou un ouvrage de « réflexions » dans le but de conduire une action politique. Or si les effets de lecture doivent prévaloir, la question de la vérité des *legibilia* est inévitablement reléguée à un plan subalterne, non pas nécessairement niée, mais plutôt instrumentalisée. Il ne s'agirait pas toujours, d'abord, de « dire vrai », il s'agirait, par un régime approprié de discours et d'écriture, de convaincre pour..., d'inciter à..., de faire faire..., etc. Problématique traditionnelle

---

1. *TTP*, Préf., p. 65.

de la sophistique ? Nullement : ni Gorgias et son *Éloge d'Hélène*[1], car ce n'est pas la « tyrannie » du discours qui est questionnée ; ni Lewis Carroll et l'impérieux Heumpty Deumpty[2], car ce n'est pas le caprice du logothète qui est visé ; Machiavel, plutôt, et ce « nom » dont le sens, l'imaginaire associé ou les effets politiques durables dessinent les contours du réel et nous y installent, nous y font vivre, agir, discuter et, quand surviennent des conflits, nous apaisent[3]. Mais ce ne sont pas tant les effets de discours qui intéressent Spinoza, que les effets d'incrustation des écrits et, notamment, une certaine pérennité des livres ; ce n'est pas le schème de l'écoute, donc, mais celui de la lecture et de la traversée qu'elle opère jusque dans une sacralité délibérée ou insidieuse, non de l'écrit seul, mais des idées qui, à travers lui, nous font agir et être.

À LA LUMIÈRE DE L'INCOMPRÉHENSIBLE

La Bible « ne donne pas de définition des choses dont elle parle, mais adapte tous ses termes et ses arguments à la compréhension de la plèbe »[4]. Dans ce livre « écrit en termes obscurs », nous lisons des « choses incroyables ou incompréhensibles » (l. 1-3) auxquelles nous adhérons paradoxalement sans réserve, de génération en génération. Plutôt communs, ces « termes obscurs » ressortissent d'ailleurs à la véritable nature des mots, généralement issus de l'expérience des choses et des affects, et faisant,

---

1. *Les Présocratiques*, « Bibliothèque de la Pléiade », trad. J.-L. Poirier, Paris, Gallimard, 1988, § 8, p. 1032.
2. *De l'Autre côté du miroir*, trad. Parisot, Paris, GF-Flammarion, 2016, p. 280-281.
3. Voir Machiavel, *Le Prince*, chapitre XVII.
4. *TTP*, V, p. 229.

« partie de l'imagination »[1]. Nous pensons certes dans les mots, mais, ce faisant, nous imaginons plutôt que nous ne comprenons : sphinx, griffon, licorne autant que « veau, vache, cochon, couvée »[2]. Voire, quand nous nous exprimons avec exactitude et en connaissance de cause, « nous n'appliquons pas [toujours] correctement les noms aux choses »[3] et ainsi, soit nous pensons ordonnément, mais nous nous exprimons mal[4], soit nous ne savons tout simplement pas de quoi nous parlons : Étant, Chose ou « le nom d'*homme* »[5]. L'attention ou une discipline verbale élémentaire ne dissipent pas l'obscurité qui règne dans les mots. « Formés au gré et selon la compréhension de la foule »[6], ils demeurent enracinés dans les processus même de l'existence et de la genèse des représentations, trahissant la consolidation durable d'un travail de l'imagination qui se perd dans les origines de l'humanité ou tout simplement dans les broussailles de la vie ordinaire. Avec son relief accidenté, le lexique forme le paysage de tout ce que nous pensons et, par suite, de tout ce que nous pouvons tenter de comprendre dans ce que nous lisons.

Si le glissement est à ce point aisé entre des « termes obscurs » et « des choses incroyables ou incompréhensibles[7] », contraires aux enseignements de

1. *Traité de la réforme de l'entendement* (*TRE*), trad. Koyré, Paris, Vrin, 1973, § 88, p. 74.

2. La Fontaine, « La Laitière et le pot au lait ».

3. *Éthique*, II, prop. 47, Scolie, trad. B. Pautrat, Paris, Le Seuil, 1999, p. 181.

4. « Ma maison s'est envolée dans la poule de mon voisin. » – D'après *Éthique*, p. 181-183.

5. *Éthique*, II, prop. 40, scolie 1, p. 165-167.

6. *TRE*, p. 74.

7. Latin : *imperceptibiles*.

l'expérience ou au sens attesté des mots, c'est en raison
de la mobilité des frontières entre « perceptible » et
« imperceptible ». Car « perceptible » se dit autant des
« propositions d'Euclide » que de certains principes
dont nous avons une « certitude morale », comme la
régularité des lois de la nature ou l'efficacité des lois
humaines[1]. Beaucoup de ce que nous disons et de ce
que nous lisons est clair et ne fait nullement problème.
Même « cheval ailé » est un énoncé clair, puisqu'il
consiste simplement à « affirmer d'un cheval qu'il a des
ailes »[2] et que nous avons naturellement pleine puissance
de forger toutes sortes d'imaginations. Ce qui fait plutôt
difficulté, c'est que l'imagination d'un « cheval ailé » ne
soit parfois accompagnée d'aucune idée qui « supprime
l'existence de ce même cheval »[3] et donc que nous
puissions persister dans l'idée, non qu'on a aggluitiné les
deux représentations « cheval » et « ailes », mais que le
« cheval ailé » est là ou, du moins, pas loin, dans le ciel,
près du château du sorcier, au-delà de la colline, enfin : *là
quelque part!* Autrement dit, les « choses incroyables »
des livres persistent d'autant mieux qu'elles sont,
d'une part, gravées dans les mots et, d'autre part, en
continuité existentielle avec nos affects et nos propres
représentations imaginatives et idiosyncrasiques. Ce ne
sont pas la malveillance ou la fourberie qui les mettent
dans les livres, c'est notre manière d'être et de nous
représenter les choses : nous n'avons pas été enfants
avant que d'être hommes, nous *sommes* des enfants
parce que nous sommes vivants et parce que nous avons

---

1. *TTP*, VII, annotation 8, p. 661.
2. *Éthique*, II, prop. 49, scolie, p. 193.
3. *Ibid.*

« des mains, des organes, des proportions, des sens, des affections, des passions »[1]. Affectés et bouleversés par toutes sortes d'événements, nous imaginons le monde plutôt que nous ne le comprenons, nous sommes ainsi *faits* que, pour la plupart, l'incroyable et l'inintelligible sont au cœur de nos représentations les plus naturelles et les plus ordinaires – les intelligibles mêmes.

La frontière de l'incroyable et de l'incompréhensible est effectivement ténue. « Car lorsque quelqu'un dit que les lignes qu'on mène du centre d'un cercle à sa circonférence sont inégales »[2], ce qu'il énonce entre en contradiction aussi bien avec l'idée de cercle qu'il manipule, qu'avec celle de rayon, et même avec celle d'une opération consistant à mener des lignes d'un centre à une circonférence. À la lettre, c'est incompréhensible. Est donc incompréhensible ce dont le sens ne s'accorde pas avec ce dont il s'agit. Peut-être a-t-on cependant affaire à quelqu'un qui pense à « autre chose », dont on ne sait d'ailleurs pas grand-chose[3]. Qu'importe, d'ailleurs, ce qui se passe dans *sa* tête : on ne sait jamais ce qui se passe dans la tête des autres. Mais peut-on faire l'hypothèse que les livres pensent eux-mêmes à autre chose, ou du moins leurs auteurs, quand ils écrivaient ? Si l'« autre chose » des livres fait justement problème, c'est parce que leur lettre, quant à elle, est bien *là*, disponible, attestée, consolidée par des traditions. Ce ne sont donc pas seulement des choses mentales, mais aussi plus que de l'écrit : les livres sont des choses qui durent, et même souvent à l'identique. Or certains évoquent, non pas des

1. Shakespeare, *Le Marchand de Venise*, scène XIII.
2. *Éthique*, II, prop. 47, scolie, p. 181.
3. *Ibid.*

cercles dont les rayons seraient inégaux, mais des héros et des hommes, avec qui on partage au moins le privilège de vivre et d'agir – et s'ils volent dans les airs sur un monstre hybride ou massacrent des ennemis nombreux à mains nues, comme on l'observe en l'Arioste, Ovide ou dans les Juges et les Rois (l. 25-30), n'est-ce pas tout bonnement qu'on aimerait parfois en faire autant soi-même ? Il y a des livres qui changent la donne du croyable et du compréhensible, parce que ce qui s'y joue ne participe pas seulement de la signification des choses – qui s'inquiète d'un cercle dysplasique ? – mais également du pouvoir d'agir, de nos interactions et de leurs effets sociaux ou politiques. Si l'Arioste est un rêveur, Ovide est selon Spinoza un politique et la Bible un texte sacré : il y a donc bien plus, en eux, qu'en un traité de géométrie. Et ce « plus » nous commet à nous inquiéter, dans nos lectures, non pas du seul *sens* des mots, mais bien de la contamination par leur puissance de signifiants du champ de réalité qui les concerne et dont nous pouvons dire, en une première approche très vague, qu'il est celui de « la vie ».

Une lecture est pertinente quand elle permet d'appréhender le « vrai sens » de ce qu'écrivent les auteurs (l. 6). Ce qui signifie, en premier lieu, que les « choses incroyables et incompréhensibles » *ont* effectivement, elles-mêmes, un « vrai sens », et que la coutume de « monter un monstre ailé » (l. 21) ou la capacité de « gagner le ciel sur un char et des chevaux de feu » (l. 29-30) ne se réduisent pas à de simples fantasmagories, mais admettent des significations qui excèdent leur incroyable ou incompréhensible dénotation. Gageons donc, à tout le moins, que Spinoza rejoint Frege et qu'il doit y avoir un *sens* à écrire de telles choses, même si elles contredisent l'expérience et l'entendement. Seulement le sens ne ressortit pas ici aux simples jeux du langage, mais plutôt à ses effets les plus concrets, à des *effets de livre*. Car de même que les livres ont une existence actuelle et objective, de même les conséquences des écrits qu'ils renferment, c'est-à-dire de la lecture que nous en faisons, sont *là*, non dans les seules conceptions que nous nous en faisons, mais dans la réalité qui cristallise, se consolide, se fige même sous la forme de croyances ou de représentations du monde; et celles-là à leur tour sont suffisamment consistantes pour se concrétiser, tantôt sous la forme de savoirs et de pratiques, comme quand on lit des traités de médecine; tantôt dans des systèmes socio-politiques durablement installés dans notre vie et dans notre histoire quand sont lus, médités et cultivés « les livres saints »[1]. Certains livres sont les briques de nos palais, voire leurs fondations même. Et si la lecture que nous en faisons n'en tient plus lieu d'architecture, elle n'en est pas moins son système de conservation ou d'altération, dont nous avons manifestement tout intérêt à comprendre les logiques et l'efficacité créatrice ou destructrice.

En disant ce qu'il dit, le sens des mots et de certains livres se situe donc également dans les raisons de ce qu'il dit. Un texte n'est pas toujours univoque et ses lectures traduisent parfois des perspectives pratiques hétéroclites, non pas nécessairement concurrentes, mais tout simplement plurielles. Ainsi le *Traité théologico-politique* se réfère à deux reprises à l'épisode intitulé « Secours d'en haut » du Livre de Josué, où il est dit que « le soleil s'arrêta, et la lune se tint immobile

---

1. *TTP*, Préf., p. 69.

jusqu'à ce que le peuple [d'Israël] se fut vengé de ses
ennemis »[1]. Dans le chapitre « Des prophètes »[2], Spinoza
interprète ce récit comme attribuable à l'ignorance
du narrateur qui, confronté à certaines circonstances
météorologiques naturelles parfaitement connues et
récurrentes – même si lui ne les connaissait ni ne les
comprenait – n'aura pas su interpréter convenablement
les effets, dans d'apparentes circonstances climatiques,
d'une « réfraction [atmosphérique] plus forte qu'à
l'accoutumée »[3]. En revanche, dans le chapitre « Des
miracles »[4], il considère le même récit biblique comme
pointant vers un stratagème politique « fort utile pour
convaincre les païens »[5], et donc il fait des auteurs du
récit des interprètes parfaitement conscients de la réalité
des choses et de leur déroulement objectif, mais soucieux
d'en donner une représentation délibérément allégorique.
Où l'on observe incidemment que la notion d'« auteur »
se révèle « à géométrie variable », comme on dit,
désignant au détour de diverses occurrences textuelles,
soit *un* auteur placé dans le contexte d'une observation
directe – Josué ou un autre dans « Des prophètes »;
soit *des* auteurs installés dans un autre contexte, celui
de la conduite d'une politique et de l'exercice corrélatif
d'un pouvoir – les Hébreux, dans « Des miracles ». Il
en résulte que le triptyque du texte, de l'auteur et des
circonstances constitue, non pas la description objective
d'une situation historique réellement ou potentiellement

1. « Livre de Josué », 10 : 11, trad. École biblique de Jérusalem,
Paris, Le Cerf, 1998, p. 311.
2. *TTP*, II, p. 127 *sq.*
3. *TTP*, II, p. 129.
4. *TTP*, VI, p. 265 *sq.*
5. *TTP*, VI, p. 267.

attestée, mais le jeu intentionnel et mobile dont l'acte de lecture établit, selon la visée théorique ou pratique qui est la sienne, un principe organisationnel et un point d'ordre substituables, sinon interchangeables. Car nos livres les plus imaginatifs ne renferment pas seulement des « rêveries », mais aussi des « questions politiques » ou des « choses sacrées » (l. 34). La distinction des livres frivoles et de ceux qui sont sérieux est anecdotique et superficielle. Tous se rapportent en vérité à des *intentions* et la clé de toute lecture est par conséquent de « savoir [d'abord] quelle a été ou a pu être l'intention de l'auteur » (l. 7-8). Bien plus : « la connaissance des auteurs qui ont écrit des choses obscures ou inintelligibles est nécessaire au plus haut point pour pouvoir interpréter leurs écrits » (l. 38-39). Autrement dit, ce qui paraît absurde n'est pas seulement tel qu'il paraît, c'est-à-dire absurde, mais participe d'intentions de signification recouvertes par des organisations narratives réputées intelligibles et donc interprétables. En concevant « une méthode pour interpréter les livres saints »[1] – d'une part, ne rien supposer de l'Écriture qui n'y soit précisément écrit[2] et, d'autre part, rendre compte de la réalité *humaine* de la prophétie et des prophètes – Spinoza ne suppose pas inébranlable le triptyque de l'auteur, de l'écrit et du contexte, il postule bien plutôt qu'il s'agit d'en assurer l'équilibre par une véritable lecture d'investigation. Toute la question devient dès lors de savoir si cette dernière ressortit à une enquête historique *a posteriori* des écrits dont nous disposons, ou à un *examen* paradoxalement *a*

1. *Ibid.*
2. Voir *TTP*, I : « ne rien attribuer aux prophètes qu'ils n'aient clairement déclaré eux-mêmes » (p. 83).

priori, sous la responsabilité herméneutique d'un « lecteur philosophe », des conditions de production, dans l'esprit et dans la culture des prophètes, de l'ensemble de leurs écrits[1].

LA LECTURE COMME GÉNÉALOGIE

Lire est d'autant plus difficile que l'« intention » d'un auteur est dissimulée par sa distance, voire par sa disparition historique, autant que par la nature cryptique de ses textes. Parfois, écrit Spinoza, « nous ne savons ni qui était [l']auteur, ni en quel temps ni à quelle occasion [le livre] a été écrit » (l. 3-4). Il paraît donc naturel de faire l'hypothèse qu'il suffit de reconstruire le schème intentionnel particulier ayant présidé à la rédaction des textes là où manquent les indices empiriques les plus significatifs de leur écriture. Une telle reconstruction exigerait deux choses : d'une part, de recomposer l'environnement culturel de l'auteur présumé et, d'autre part, d'assumer l'évolution naturelle que subissent les mots dans leur traversée de l'histoire. Un même mot, s'il ne disparaît pas, n'a pas nécessairement la même valeur d'un contexte à un autre ou d'un temps à un autre. Si, par exemple, on veut comprendre « ce que l'Écriture sainte entend par l'Esprit de Dieu », « il faut d'abord se demander ce que signifie le mot hébreux *ruagh* », qui « signifie vent, on le sait », mais non pas toujours ni seulement[2]. Le lecteur doit apparemment se faire linguiste, historien, philologue. L'hypothèse est d'ailleurs courante, ainsi que le travail de reconstruction qu'elle évoque, comme on le comprendra au moyen d'une incise anachronique empruntée au domaine du droit.

1. *TTP*, Préf., p. 75.
2. *TTP*, I, p. 95. Cf. *TTP*, V, p. 203 *sq.*

En laissant de côté les analyses canoniques d'Aristote et de l'*Éthique à Nicomaque*, qui montrent que le « juge d'équité » lit et interprète la loi en nomothète[1], l'examen d'un arrêt de la Cour suprême des États-Unis d'Amérique livre une approche assez précise du postulat apparemment historiciste ou « recontructionniste » de Spinoza[2]. En juin 2020, la Cour suprême déclarait illicite le licenciement d'un employé au motif de son orientation sexuelle ou « identité de genre », adossant son jugement à une lecture d'allure à la fois historique et philologique de la loi américaine de 1964 portant sur les droits civiques. Celle-ci stipule en effet qu'est illicite toute discrimination, notamment à l'emploi, liée au « sexe » des personnes. Or que signifie « sexe » ? Selon les uns, une distinction biologique du masculin et du féminin, qui n'englobe que cela et donc en aucune façon l'orientation sexuelle désignée, aujourd'hui, par « genre » – ce qui justifie par conséquent le licenciement d'une personne pour le motif d'une orientation sexuelle inappropriée. Selon les autres, dont l'interprétation a prévalu dans le jugement de la Cour suprême, si « sexe » ne pouvait avoir le sens de « genre » en 1964, l'évolution des mœurs et de la langue a eu pour conséquence une évolution de son domaine de définition et donc du champ d'application de la loi. La lettre demeurant mais l'esprit évoluant, la loi en vient à protéger de toute discrimination, au motif non seulement d'une distinction biogénétique entre « homme » et « femme », mais tout aussi d'une orientation sexuelle ou de « genre », cette signification psychosociale s'ajoutant à la première. Le mot de « sexe » ayant subi, en une

1. Voir *Éthique à Nicomaque*, V, 1137b-6 *sq.*
2. URL : https://www.supremecourt.gov/opinions/19pdf/17-1618_hfci.pdf (à la date de la publication).

cinquantaine d'années, une extension significative de son domaine de définition, « le mot écrit, [qui] seul constitue la loi », prévaut et protège désormais jusque dans le domaine de la *libre* détermination du « genre ».

Argument historiciste et « reconstructionniste » ? Nullement. La Cour suprême n'adosse pas son argument à une recomposition historique et *a posteriori* des conditions d'élaboration de la loi dans les années ou les mois qui ont précédé sa promulgation en 1964. Elle énonce deux choses : la première, que la loi n'est rien autre chose que le *texte* de la loi et même, précisément, « le mot écrit » ; la seconde, que le sens des mots a une histoire et que le législateur, non seulement ne peut pas prévoir toutes les situations que recouvre la loi – on en resterait alors à Aristote – mais qu'il ne peut pas non plus anticiper toutes les significations que pourra recouvrir le lexique de la loi. Autrement dit, pour le législateur, « les limites de son imagination » n'emportent pas une rigidité sémantique de la loi et de son application. Bien mieux, l'arrêt de la Cour suprême donne à comprendre que la loi ne puise pas son sens dans ce qu'ont « voulu dire » ses auteurs, dont le vouloir-dire se heurte précisément aux limites lexicales et sémantiques de leur imagination ; mais dans ce que dit le texte *lui-même*, c'est-à-dire dans les possibilités, même dissimulées et futures, de la langue qu'il manipule. Si beaucoup se joue autour de l'imagination du législateur, le périmètre spécifique de son lexique détermine sa description normative du réel. Au-delà du champ de l'imagination, c'est dans l'écrit que résident les opportunités, non seulement des lectures que nous en faisons, mais aussi de celles qu'on en fera toujours, l'œuvre juridique étant essentiellement « œuvre ouverte ».

Pour revenir à Spinoza : si « reconstruction » il doit y avoir, ce ne peut être au sens d'une reconstitution historique vouée à reproduire le contexte effectif de la conception et de la composition, non d'une loi, mais bien d'un livre. Les soubassements de sa lecture de l'Écriture ne sont pas archéologiques, au sens classique du terme, et nous manquons d'ailleurs d'indices permettant de reconstituer une chaîne de causalité entre des livres écrits en des temps immémoriaux et leurs auteurs. Une authentique lecture présente à ses yeux une dimension proprement *généalogique* : s'il existe des textes « incroyables ou inintelligibles », il est vain de chercher à « revivre » les circonstances de leur genèse, il faut plutôt pointer ce qu'est *en soi* imaginer, concevoir et écrire. Il s'agit, pour le « lecteur philosophe », de « saisir la pensée de l'auteur »[1] : non pas tenter de conjecturer ses idées ou ses imaginations, mais comprendre ce que fut *penser* tels et tels objets, identifier les modalités imaginatives et lexicales spécifiques à partir desquelles ils cristallisèrent et prirent corps dans ses écrits. L'intention auctoriale évoquée par Spinoza n'est pas psychologique et subjective, au sens ordinaire du mot, elle recouvre le fonctionnement des processus intellectuels mobilisés dans l'écriture et relève d'une anthropologie ou d'une physique, non d'une psychologie appliquée à un individu particulier installé dans telles et telles circonstances historiques particulières. Lire, comprendre et rendre intelligible et crédible un texte « incroyable et inintelligible », c'est faire apparaître la genèse du système de représentations qui non seulement a prévalu dans sa formation historique passée, mais continue d'exprimer les modes spécifiques

1. *TTP*, VII, annotation 8, p. 661.

du fonctionnement naturel et ordinaire de « l'esprit humain » – et non point l'idiosyncrasie d'un ou de plusieurs auteurs, ni les stigmates de leur talent ou de leur métier[1]. C'est à celle seule condition que la lecture est immune de tout préjugé, car ayant des « opinions » sur les auteurs et leurs écrits (l. 18 et 35-36), il faut, contre toute « conviction », « éviter d'être prévenus par des préjugés » (l. 10). Le positionnement individuel des auteurs et leur imaginaire particulier ne sont pas pertinents. Seuls le penser et l'imaginer à l'œuvre dans leurs écrits, avec usage de leur appareil lexical, intéressent une vraie lecture, libre de tout biais parce qu'elle ne vise plus des individus et leurs œuvres, mais des processus représentationnels et les jeux de langue qui les réalisent.

« Incroyable » et « inintelligible » traduisent ainsi un simple moment de la lecture et des figures inversées du « croyable » et de l'« intelligible ». « Nous pouvons affirmer sans hésitation que les prophètes n'ont perçu les révélations de Dieu que par le secours de l'imagination, écrit Spinoza, c'est-à-dire au moyen de paroles ou d'images, véritables ou imaginaires »[2]. Quelles que soient dès lors les aberrations manifestes des textes prophétiques, on pourra toujours en saisir le « vrai sens » en mettant au jour la façon dont les mécanismes de l'esprit peuvent par eux-mêmes y avoir joué et comment des auteurs, même inconnus, mais néanmoins humains et ne disposant que de facultés humaines, ont pu gérer leurs propres représentations, leurs imaginations et le lexique auquel elles ont été associées. On prendra par exemple au sérieux l'hypothèse selon laquelle Dieu

1. *TTP*, I, p. 79-111.
2. *TTP*, I, p. 109.

a effectivement pu s'adresser aux prophètes, car cela signifie d'abord, simplement, que des hommes ont eu partie liée à du discours, « s'adresser à... » étant parler et des paroles étant toujours des paroles, qu'elles soient réelles ou hallucinatoires. Avant d'être prophètes, les prophètes sont précisément des hommes et, en l'occurrence, susceptibles d'entendre des sons, de les interpréter comme des paroles et de trouver un sens à ce qu'ils considèrent être de telles paroles : entendre des voix, même en songe, c'est après tout encore et toujours entendre[1] ! « Incroyable » ou « incompréhensible » caractérisent dès lors un régime peut-être inaccoutumé, mais tout à fait naturel de la représentation, qu'il s'agit bien de scruter épistémologiquement, c'est-à-dire en lui reconnaissant d'être un simple fait humain, à la fois imaginatif et discursif. Il suffit alors de comprendre la genèse et de resituer l'écoute prophétique dans son élément ordinaire, celui de la culture antique : « les Anciens, écrit Spinoza – non seulement les Juifs mais aussi les païens – avaient l'habitude de rapporter à Dieu tout ce en quoi quelqu'un surpassait les autres » : en l'occurrence, l'imagination[2]. C'est tout simplement que « les prophètes ont été doués, non pas d'un esprit plus parfait, mais plutôt de la puissance d'imaginer avec plus de vivacité »[3]. Ce qu'ils ont pu ainsi écrire d'« incroyable » et d'« inintelligible » ne le restera que tant qu'on n'en aura pas éclairé la dimension fantasmagorique, mais naturelle, fonctionnelle, opératoire, efficace et pratique de leur écriture. L'éloquence de chaque prophète est

1. *TTP*, I, p. 91.
2. *TTP*, I, p. 99-101.
3. *TTP*, II, p. 113.

singulière et variable, et cela ne concerne pas seulement l'élégance ou la grossièreté du style, mais également la perception intime des mots et de leur sens, puisqu'on note, de l'un à l'autre, des différences dans l'usage même de la langue hébraïque[1]. Il ne s'agit pas de survoler un texte à la seule lumière de la connaissance habituelle qu'on a de la langue – d'*une* langue ; il faut examiner et analyser les mots eux-mêmes, auxquels est adossée « la pensée des auteurs des textes sacrés »[2]. « C'est pour cette raison, écrit par exemple Spinoza, que l'on trouve dans les Lettres sacrées *bénir Dieu* pour *maudire* » : « ce ne sont que des manières de parler »[3].

Si lire est difficile – il faut y revenir – c'est effectivement parce que la généalogie des textes « incroyables ou incompréhensibles » en saisit, outre une certaine signification, les dimensions encastrées, superposées ou, à tout le moins, différenciées de leur genèse. En quoi elle ressortit à une naturalisation épistémologique des textes et permet de les comprendre avant tout comme des faits humains, ressortiraient-ils au sacré. Le lecteur *fait* donc le texte, non au sens naïf d'une contribution à sa publicité, mais au sens plus rigoureux d'une reconnaissance travaillée de ses soubassements représentationnels et épistémiques, ainsi que de ses enjeux stratégiques et, par conséquent, des significations potentiellement multiples qu'il dissimule. Le centre de gravité de la chose lue ne se situe alors, ni du côté du texte qui, en tant que tel, est inerte, ni du côté de l'auteur qui, quoi qu'en en ait, simple personne singulière, reste inconnu, méconnu ou,

---

1. *TTP*, II, p. 123.
2. Voir notamment *TTP*, VI, p. 269.
3. *Ibid.*, p. 271.

au mieux, connu de manière lacunaire et anecdotique. Le cœur du sens est du côté du *lire*, du *travail du lire*, faut-il dire, et de la série méthodiquement élaborée des opérations qui exposent l'une après l'autre les espaces signifiants du texte. Même si des lectures successives accusent leur historicité et donc des limites, elles forment néanmoins, dans leur succession ou leur superposition, la vérité en même temps que l'efficacité des écrits qu'elles animent de leur souffle propre.

*

L'herméneutique de Spinoza juxtapose au fond deux questions. Pour la première, elle est de savoir de quelle manière il *faut* lire les textes sacrés et s'il y en a *une* lecture normative et susceptible d'en exposer la vérité[1]. En faisant droit à cette question, on achève de répondre à celle de savoir ce que *fait* le « lecteur philosophe ». Alors en effet qu'une lecture historisante, fondée sur l'idée d'une valeur intrinsèque des textes anciens, est rendue caduque par les lacunes de l'histoire ; alors qu'une lecture religieuse est biaisée par les croyances et les préjugés qu'elle véhicule, sans que cela soit d'ailleurs un « défaut » de cette lecture, mais son essence spécifique – « notre conviction n'a pour cause que l'opinion que nous avons des rédacteurs de ces histoires » (l. 35-36) ; une lecture philosophique de l'Écriture est, seule, originalement, de nature *généalogique*, c'est-à-dire susceptible de faire apparaître, non ce que les Anciens pensaient effectivement en première personne, dont nous

---

1. Pour une réponse accélérée à la question, voir Quentin Tarantino, *Pulp fiction* (1994) et les deux interprétations concurrentes d'Ézéchiel 25:17.

n'avons que des images textuelles ; mais comment, sous couvert de l'imagination, la pensée pense et, pensant d'imagination, mobilise un lexique pour produire des textes sacrés. La lecture philosophique se distingue ainsi sur deux plans de la lecture historisante : elle ne vise pas à établir ou à rétablir des faits, mais à éclairer la genèse d'un système de significations ; et elle exige une connaissance, non pas exhaustive ou érudite des textes, « mais seulement des principaux : seulement de ceux qui font voir, sans le secours des autres et avec le plus d'évidence, la doctrine [sous-jacente], et qui sont les mieux à même d'émouvoir l'âme des hommes »[1]. Une lecture philosophique est, dans ses procédures techniques, une lecture par carottage.

Pour la seconde question, elle est de savoir de quoi une lecture *philosophique* de l'Écriture est le modèle. L'Écriture serait un texte imaginatif et la clé s'en trouverait dans les mécanismes universels de l'imagination et du verbe. Sans doute une leçon s'en dégage-t-elle, qui veut que toute lecture ait une part d'imagination. Aborder les textes sacrés en « lecteur philosophe » permet en effet de les naturaliser et de les intégrer aux processus représentationnels et cognitifs dont ils participent et qui sont communs à la genèse de tous les textes, qu'ils soient de savoir ou de fiction. Il faut *toujours* de l'imagination pour écrire, il faut *toujours* de l'imagination pour lire, déchiffrer, comprendre ou interpréter. Or en assumant cette naturalité de la composition des textes, quels qu'ils soient, on saisit parfaitement l'idée d'un travail « infini » ou en tout cas d'extension indéterminée de la lecture. Et que la recherche de *la* ou d'*une* vérité ne constitue

---

1. *TTP*, V, p. 231.

pas nécessairement l'horizon de la recherche de sens qui anime la lecture : (se) figurer un sens représente en soi le premier succès de toute lecture, pourvu du moins qu'elle combine de manière à peu près régulière et équilibrée certaines conditions opératoires et qu'elle assume, essentiellement, certaines conditions de la « textualité ». Qu'il s'agisse de Persée, de Samson ou d'Élie (l. 26-28), le surnaturel ne donne pas la clé des songes, mais exprime des projets – poétique, religieux, politique – qui divergent et par moments nous égarent ou nous comblent de plaisir.

Seulement, il faut bien le reconnaître, ce sont là des textes écrits avec les yeux de l'imagination. Quoi, alors, de ceux qui seraient conçus et écrits avec les yeux de l'âme ? Quoi de *celui* que démontrerait le seul « ordre géométrique » ? Pour l'authentique maître de lecture, l'entreprise de *lire* porterait alors un défi hors du commun : du seul *réel*, c'est-à-dire du seul nom de Dieu, faire par l'écriture toute l'existence possible et en faire ainsi toute *sa propre* existence effective. Lire, alors, ce serait évidemment éthique.

« Mais ceci est une autre histoire », bien sûr.

TABLE DES MATIÈRES

DERNIERS TITRES PARUS
DANS LA MÊME COLLECTION

Achevé d'imprimer en février 2022 par *La Manufacture - Imprimeur* – 52200 Langres
Imprimé en France – N° d'imprimeur : 220151 – Dépôt légal : mars 2022